一本书读懂系列

文化寻根

一本书读懂中国民俗

姜正成◎主编

中国财富出版社

图书在版编目（CIP）数据

文化寻根：一本书读懂中国民俗/姜正成主编. —北京：中国财富出版社，2016.3

（一本书读懂系列）

ISBN 978-7-5047-5960-3

Ⅰ.①文…　Ⅱ.①姜…　Ⅲ.①风俗习惯-中国-通俗读物　Ⅳ.①K892-49

中国版本图书馆 CIP 数据核字（2015）第 290248 号

策划编辑　张　静　　**责任编辑**　张　静
责任印制　方朋远　　**责任校对**　杨小静　　**责任发行**　邢小波

出版发行	中国财富出版社		
社　　址	北京市丰台区南四环西路 188 号 5 区 20 楼	**邮政编码**	100070
电　　话	010-52227568（发行部）		010-52227588 转 307（总编室）
	010-68589540（读者服务部）		010-52227588 转 305（质检部）
网　　址	http://www.cfpress.com.cn		
经　　销	新华书店		
印　　刷	北京晨旭印刷厂		
书　　号	ISBN 978-7-5047-5960-3 / K·0193		
开　　本	710mm×1000mm　1/16	**版　　次**	2016 年 3 月第 1 版
印　　张	15.75	**印　　次**	2016 年 3 月第 1 次印刷
字　　数	197 千字	**定　　价**	38.00 元

前　言

中国有五千年延绵不断的文化。在中国文化的传承中，民俗作为非物质文化遗产的重要组成部分，是社会文化与社会观念深层内涵的显性表现。很多民俗至今仍有强大的生命力，持续影响着中国人的生活。

比如，中国人过年，元宵观灯，清明祭祖，中秋赏月，都有上千年的历史。通过这些民俗，我们可以深刻理解自己的文化传统。如果不在乎这些民俗，那我们也就等于放弃了自己的文化传统。

我国近年来相继将清明节、中秋节、端午节设为法定节日，便是对文化传统的又一次确认，表明我们对传统的珍视。这也是我们在现代化浪潮和西方文化冲击下的一种态度。

中国素有“礼仪之邦”的称誉。在古代，礼无处不在。本书用了相当篇幅介绍这些古礼。如中国的婚姻之礼。中国传统的婚姻，男女双方在婚前多半是从未谋面的，全凭父母之命，媒妁之言。父母主要考虑的是宗族的延续和门当户对，很少考虑当事人的情感。婚聘礼仪就是婚前的礼仪，传统的有“六礼”，即纳采、问名、纳吉、纳征、请期和亲迎。这些环节在今天虽被简化了，但在很多农村地区还非常盛行，可见传统力量之强大。

本书还介绍了民居文化。汉族作为一个定居农业民族，不仅注重房屋的居住功用，而且将住房与“家”的兴衰命运紧密相联。每一个家族、家庭都希望自己能够发展壮大，光宗耀祖。为达到这一目的，人们便在住宅的建造上大做文章，设法选择有风水龙脉、神灵保佑的区域建房，而一些建房的地点、方位及房屋陈设，由于不符合“风水”“相宅”观念就被列为禁忌。

中国的禁忌文化也是无处不在的。比如，出行讲究黄道吉日，民间还素有“七不出门，八不归家”“三六九，往外走”的说法。古代还要避帝王和父母的名讳，说话、写字要用别的字代替。在古代社会，服装也是符号，有着严格的区分，不同的服饰和颜色代表着一个人属于不同的社会阶层。“白衣”“苞头”“皂隶”“绯紫”“黄袍”“乌纱”“红顶子”，细细考察，其内涵是非常耐人寻味的。

如今，伴随着国家的快速发展，中华传统文化被宣传到很多的地方，中国已被世界各国人民所认知，中国民俗也日益受到世人的关注。一个国家的民俗就是这个国家的品牌和标志，如果我们不珍惜和保护，便有被曲解和盗用之虞。这不能不引起我们的注意。所以，作为中国人，尤其是年青一代，一定要珍惜自己的传统文化，温习自己的传统文化，要从内心感到作为中国人的光荣！

目 录
Contents

第一章 婚姻文化

第二章 民居文化

第三章 礼仪文化

第四章 禁忌文化

第五章 姓氏文化

第六章 丧葬文化

第七章 节气时令文化

第八章 节日文化

第九章 饮食文化

第一章
婚姻文化

原始社会的婚姻

在古代，正在形成中的原始人类的两性关系，没有习俗规定的限制，人们过着群体生活。马克思在其《摩尔根〈古代社会〉一书摘要》中说：最古时过着群团的生活，实行杂乱的性交。两性关系带有刚从猿类脱胎过来的习惯，以小群体方式生活，无所谓婚姻家庭，有着毫无节制的性交关系，处于杂乱无序的群婚状态之中。《淮南子·本经训》中也提到："男女群居杂处无二别。"《列子·汤问》中说："男女杂游，不聘不媒。"游，指男女两性间的自由结合；媒，乃是婚姻的中介人角色；聘，则是两性结合所经过的社会程序。因而原始群婚的早期阶段，兄弟姐妹、上下辈之间的婚配是毫无限制的。《吕氏春秋》中云："昔太古无尝君矣，其民聚生群处，知母不知父，无亲戚兄弟夫妻男女之别，无上下长幼之道。"《管子·君巨篇》也云："古者未有夫妻匹配之道。"

到了旧石器时代早期，人类开始有了最初的婚姻规则。在共同生活的集团内部实行血缘婚。是人类婚姻史上第二种婚姻制度类型，也叫班辈婚、兄妹婚。在这种婚姻制度下，凡属同辈的男女均互称兄弟姐妹，亦互为婚姻。由此产生了血缘家庭，这是婚姻关系的第一个进步，排除了父母与子女间的婚配关系。

在旧石器时代中、晚期，血缘集团分化成较小的团体——部落，通婚在两个部落之间进行，即实行一个部落的男子与另一个部落的女子互相集体通婚的外婚制群婚，并产生了氏族制度。这是婚姻关系的第二个进步，排除了兄弟和姐妹间的两性关系。

随着社会生产力的发展，通婚范围缩小，到中石器时代至新石器时代，在母系氏族社会晚期，出现了对偶婚，即一男一女共同生活。每个男子在其若干妻子中，有一个是主妻，反过来说女子也是如此，因而有了向对偶婚过渡的倾向。人是感情动物，这就决定了他在众多可能的对象中，会有所偏好，有所选择。选择的结果，便是对偶婚的产生，也是一夫一妻制的前身。但是，对偶婚的结合并不牢固，容易离散。初时男子走访女方，后来从妻居，并由此产生了对偶家庭。这是婚姻关系的第三个进步，对偶家庭增添了前所未有的新因素，子女在有确认的亲生母亲之外，又有了确认的亲生父亲。

新石器时代晚期至金石并用时代，父系氏族制代替了母系氏族制，对偶婚向一夫一妻制过渡。妻子从夫居，男子把自己的财产传给亲生的子女，出现了一夫一妻制家庭。在中国，随着私有制的产生，财产继承，包括王位继承，都需要有个亲疏远近。商朝早期，王位继承大都是兄终弟及，无弟传子，汤至南庚，弟死后传兄之子。商朝中期，阳甲至于祖甲，兄终弟及，弟死后传弟之子。商朝晚期，祖甲之后，父死子继完全代替兄终弟及。一句话，一夫一妻制确立后，父死子继的继承法确立，婚姻制度遂成为一切宗法制度的根源。

古代的收继婚

在古代社会，有一种收继婚，它是人类早期共妻现象的残余，其表现形式主要有：哥哥死了，嫂子就嫁给弟弟；弟弟死了，弟媳就嫁给哥哥；姐姐死了，妹妹再嫁给姐夫；甚至长辈死了，其妻也要下嫁给晚辈。西汉王昭君远嫁到匈奴以后，也碰到了这个收继婚的问题。

王昭君和呼韩邪单于，两人在年龄上的差异大约有三十岁。呼韩邪单于在竟宁元年（前 33 年）娶王昭君，在建始二年（前 31 年）就去世了。两人成婚前后还不到三年，生了一个儿子叫伊屠智牙师。呼韩邪单于死后，他的长子雕陶莫皋继位，想要收继王昭君。王昭君不能适应这种婚俗，遂“上书求归”，但汉成帝没有同意，却“敕令从胡俗”。于是，雕陶莫皋收继了王昭君，并和她生了两个女儿。这两个女儿和原来的那个儿子，不能以兄妹相称，而只能随胡俗以叔侄相称。一母所生的子女，竟然是两个辈分。然而，这在匈奴等少数民族中却是很正常的。

这种收继婚当时也叫转房婚，是符合当时社会道德规范的一种婚俗形式。这种婚俗形式一直延续到近代，在近代的甘肃、四川、云南等地都还有所残留。徐珂在《清稗类钞》中说，云南有一户人家四兄弟都已婚配。后来大哥死了，不久最小的弟媳又死了。按收继婚的办法，大嫂应被小弟收继，但两人年龄相差太大，于是就采用叔嫂移配的方法来收继：大嫂移配二弟，二嫂移配三弟，三嫂移配小弟。这件事情后来被县里的地方长官知道了，准备治他们的罪。县里的一个小吏就为他们求情说："此间习俗如此，愿无拂其意。"那个地方长官也就只能作罢了。

这种婚姻习俗的存在，主要原因恐怕还是为了确保一个以血缘关系联系起来的大家族的财产和血缘不出问题。因此在这种婚俗中，女子其实已被看成是一种财产，她们是属于这个家族的，是不可能被允许转嫁到外姓人中去的。

古代的婚姻形式

在中华人民共和国成立前，中国各民族虽已普遍过渡到一夫一妻制家庭，但同时还不同程度地残留着先前诸多种婚姻形式。

（1）抢婚

在母系氏族社会向父系氏族社会过渡或妻方居住向夫方居住过渡

的时期，即两性关系被限制在家族内部班辈之间的同时，家族之外又有抢亲制作为补充。女子在古代，被视作财产，因部落战争、家族械斗，导致女人被抢来抢去。女人被抢来后，氏族首领把她们当作战利品赏赐给部下。新中国成立前，在一些少数民族中还有抢婚习俗。

(2) 不落夫家

不落夫家，是我国南方许多少数民族普遍存在的一种婚姻习俗，它是原始社会中从妻居婚向从夫居婚转变的残余。新娘在举行结婚仪式后，即返回娘家。每逢农忙、节日或夫家办婚丧等事，由夫家派人接妻子到夫家居住数日或半月，再由夫家送回娘家。妻子留住夫家时，夫家对她以客人相待，只让她参加一些一般劳动或象征性劳动。妻子在娘家居住的时间通常是一两年至七八年，女子通常是在怀孕以后，或虽未怀孕但年龄已大，才到夫家定居。这样才算是正式建立了一夫一妻制的小家庭，称为成家。

(3) 从妻居

这是母系氏族制繁荣时期流行的一种婚姻居住形式。男子迁往妻方氏族公社居住，双方共同生活在一个共产制的经济单位之中。这种婚姻是暂时的结合，夫妻并未组成独立的经济单位，因而无论结合还是离异都十分容易。到了父系氏族制时代，虽然从妻居逐渐过渡到从夫居，但其残余一直保留下来。新中国成立前，我国部分拉祜族地区盛行从妻居，从结婚之日起，男子带上生活用具、生产工具及家畜去女家，男子上门的期限，一般为一至三年，有的长达十五年，还有的终生上门。

(4) 姑舅表婚

即堂兄妹、表兄妹之间的婚配关系。这种婚配关系是从原始社会母系社会的族外婚发展而来，到了父系氏族社会，转变为姑舅表婚。

新中国成立前，汉族一些地区还以姑舅表兄弟姊妹为理想配偶。白、彝、侗、布依、傈僳、佤、苗、瑶、土家等民族也盛行此婚俗。其中苗、瑶、土家等民族一般实行单方面的姑舅表婚，即舅家有优先娶外甥女做儿媳的权利，通常是把舅舅家娶外甥女做媳妇当作是姑姑当年出嫁的一种补偿。土家族有“姑妈女，顺手娶”“舅舅要，隔河叫”的说法。苗族也有“还姑娘”的习俗。中华人民共和国成立后，为了提高子孙后代的健康概率，提高人口的质量，《婚姻法》规定禁止直系血亲和三代以内的旁系血亲通婚。

(5) 一妻多夫

这种婚姻家庭形式是在对偶婚向一夫一妻制过渡中产生的。一妻多夫通常有兄弟共妻和朋友共妻两种形式，而以兄弟共妻居多。兄弟共妻主要是为了家庭财产不被分散而不受社会歧视。新中国成立前，西藏某些地区的“差巴”阶层中曾残存着这种制度。“差巴”是农奴阶级中地位优越的阶层，拥有一些家庭财产，害怕因分家而导致家庭财产的分散和社会地位的下降。因此，在一个家庭中兄弟几人同娶一个妻子便成为“差巴”阶层的主要婚姻形式。

(6) 交换婚

这是中国历史上很典型的一种婚姻形式。它是指两个不同姓的家族通过协议，互换异性子女互为配偶的婚姻方法。一家男子娶另一家女子，必须以一女嫁到对方家作为交换条件。中国古代，从上到下，交换婚广为流行。比如西周时姬、姜两姓世代为婚。汉武帝娶卫青之姐卫子夫为皇后，卫青则娶汉武帝之姐平阳公主为妻，汉梁荒王刘嘉娶任宝姐妹，而任宝则娶刘嘉之妹刘园子为妻。当然，贵族之间的这种交换，其初衷很可能是出于政治目的，扩大政治资源。

(7) 入赘婚

入赘婚在中国这样一个夫权社会，是很另类的一种婚姻形式，其特点是：男方到女方家入户，俗称倒插门。儿女生下来，还要姓女方家的姓。在中国，尤其在农村，男人是不愿意入赘的，而男人之所以选择这种方式，大多是出于经济原因。一是家穷掏不出彩礼，娶不起媳妇；二是心理原因，自家兄弟多，出去一个也无所谓；三是性格原因，男人老实巴交或者另一个极端——好吃懒做游手好闲。而女方要招上门女婿，则主要是女家没有男丁。

(8) 童养媳

童养媳是中国颇有特色的一种传统婚俗。它是指有儿子的家庭，抱养人家的童女为养女，等到儿子与养女达到结婚年龄，使他们完婚成亲，俗称圆房。童养媳风俗在我国古已有之，《三国志》载："该诅国女，至10岁，婚家即迎之长养为媳。"宋代之后，这一风俗便开始盛行。盛行的原因，主要还在于它的经济性。贫家生女，养不起，即送小康人家，可以换得几斗米谷；而男方呢，既不用掏太多的聘礼，又可以招得一个廉价的劳动力。

(9) 典妻婚

所谓的典妻，也叫租妻，历史上广泛流行于浙江、福建、甘肃、辽宁和山西。辽宁叫搭伙，甘肃曰僦妻，在山西被称作挂帐，百姓也有叫"拉边套"的。出租妻子是一种更经济的婚俗形式，简而言之，就是丈夫把妻子出租给需要老婆的人。时间长的叫作典妻，时间短的称租妻。《全国风俗大观》中记述："贫苦之家蓄妻不得温饱，可以租之于人，共订合同，半载或一年、三年，以本夫之需索，以定时期之长短。期满则退回而已。"租妻习俗在宋元时代就已流行，沿至明清。冯梦龙《寿宁待志》中记载："或有急需，典卖其妻，不以为讳。或赁与他人生子。岁仅一金，三周而满，满则归迎。典夫之宽限更券酬直如初。亦有久假不归遂书卖券者"。"左联"作家柔石的小说《为奴隶的母亲》就是描写民国初年浙东农村典妻悲剧的。

（10）鬼婚

又叫冥婚、阴婚，即幽冥世界的婚姻。起源很早，至少在先秦时期就已流传开来。名目很多，冥配，配骨，幽婚，圆坟。《周礼》有关于冥婚的记载："禁迁葬者，与嫁殇者"。"迁葬"，郑玄注："谓生时非夫妇，死者葬同穴，迁之使相从也。"孔颖达进一步解释为："迁葬，谓成人鳏寡，生时非夫妇，死乃嫁之"。意思是说，人成年后还没有结婚就死亡的，往往施行迁葬，即冥婚仪式。古代中国注重成年礼，男子 20 岁而冠，女子 15 岁而笈，都算是成年了，但如果无婚，死后不能享受祭祀。鬼婚双方的亲家俗称鬼亲家，但并不是等他们做鬼后才做亲家的，而是跟真正的亲家一样互相来往。旧时早婚现象比较严重，鬼婚同样如此，比如曹操之子曹冲，13 岁时就死了，曹操便将他和甄氏之女合葬。鬼婚的仪式一如生者，彩礼什么的一样不可或缺。唯一不同的是，把闹洞房这一项改作了圆坟，也就是把双方亡人的尸柩迁葬于一起。

古代的婚聘六礼

婚姻是人生大事，婚姻之礼理所当然会受到人们的重视。中国古代传统的婚姻，男女双方在婚前多半是从未谋面的，全凭父母之命，媒妁之言。父母主要考虑的是宗族的延续和门当户对，很少考虑当事人的情感。

婚聘礼仪就是婚前的礼仪，传统的有“六礼”，即纳采、问名、纳吉、纳征、请期和亲迎。

一是纳采。

这是婚聘六礼的第一礼。男方家长向女方家长表达联姻的意愿，并托媒人带好礼品去提亲，就是现在所说的“说媒”和“求婚”。

纳采必须送礼，这个礼物在先秦称为雁，所以纳采也叫“奠雁”。雁是当时婚聘礼仪中最重要的礼品。后世除用雁之外，还有用羊、鹿、阿胶、干漆和蒲苇等礼品的。这些礼品也都是有其寓意的：羊者祥也，鹿者禄也，都是用来表吉祥的；阿胶、干漆取其如胶似漆之意，喻夫妻和谐；蒲苇则以其柔顺喻妇女之温柔。

二是问名。

女方如果收下了男方的雁，就表示允婚了，于是就有了男方第二次用雁上门的问名。问名就是互相初步了解对方的姓名、年龄、生辰、籍贯和三代（曾、祖、父）等情况，也就是通常所说的“请八字”和“请庚”。

问名一般是口头的，郑重的也有写成帖子给对方的。后来还增加了家长相看的内容，弥补了对对方一无所知的缺陷。隋唐以后，六礼的步骤有所简化，问名和纳采就合成一步同时进行了。

三是纳吉。

纳吉在婚聘六礼中是最关键的，因为这时已进入了实质性的订婚阶段。

男方在问得生辰八字后，还有一个不是很简单的合婚工作。我国古代的婚姻，除了父母之命和媒妁之言外，还需要有一个“天神之兆”作为依据。例如“归卜于庙”，如果得到一个吉兆，婚姻之事就算定了。

四是纳征。

纳征在婚聘六礼中是最重要也是最具特色的，也叫“纳成”。“征”就是“成”，意思是男家只有先纳聘礼才能成婚，所以也叫“纳币”“纳财”“过礼”和“大聘”等。后世所说的“买卖婚姻”就是以此为依据的。

纳征所送的礼品比较重，不再用雁了。先秦时还只是布帛和毛皮衣物等。汉以后就开始多用金银了，而且数目还相当可观，后代更是愈演愈烈。

五是请期。

女方一旦接受了彩礼，婚约就正式确立了，接下来的工作就是请期。所谓请期，就是男方选定了合婚的吉日良辰去征求女方的意见。但征求时为示谦让，要请女方确定日期，所以叫请期。其间女方也会有一番谦让，但最终是男方把选定的日期告诉女方，所以后来也叫告期。

请期也要送礼，古礼用雁，后世有用各色礼物的。女方则于迎娶之前要“过嫁妆”，男方在收到嫁妆之后，新女婿要由媒人陪同去女家“谢妆”。过嫁妆其实就是亲迎的准备了。

六是亲迎。

亲迎是婚聘六礼的最后一礼，相当于现代的婚礼大典。这个礼仪既隆重又烦琐，在古代要分三天才能完成。

第一天是亲迎的准备。女家要为女儿“开脸”“上头”。开脸就是用细线绞去脸上的绒毛，并修齐鬓角和额发。开脸是区别已婚与未婚的象征，旧时为人妻者也被叫作“开了脸”的。上头就是笄礼，这也是区别女子未婚、已婚的一个标志。女方还要去男家整理新房和婚床，叫铺房。这一方面意味着是娘家对女儿的最后一次照顾，另一方面又是代表女儿对女婿所作的一次礼仪性的侍奉。所以铺房也叫暖房。

男家在这一天还要送最后一次礼：催妆礼。催妆礼除了一般礼品外，主要是供女方妆饰用的物品。新郎还要去亲戚朋友家行礼，表示自己已成年要成婚了，这叫“告冠”。

第二天是新郎亲自去迎接新娘，然后是拜堂入洞房；第三天则有新娘拜见公婆等礼仪。

古代的拜堂

“亲迎”是非常隆重而烦琐的一个环节，时间也特别长，前后要用三天。第一天是亲迎的准备，男女双方要为自己即将“成夫”和“成妻”做一些准备。第二天才是亲迎的正日，新郎官要亲自去迎亲成婚。

那天新郎一早就穿戴齐整，先去祠堂参拜祖先，然后骑马去女家。临行之前，父亲还要再三叮嘱和强调：这是事关宗庙继嗣的大事，新郎是受父亲之命去迎亲的。

那天女家也要向祖宗祷告：女儿即将许配于人。迎亲队伍到来时，女方家长要亲自到门外去迎接。新郎进门后还要再次“奠雁”，即再次送上礼品雁。这也是最后一次用雁。然后，新郎才能把新娘迎回家去。新娘临行时，父母也照例免不了一番叮嘱。

迎亲队伍往往十分壮观，场面也很热闹。在唐朝以前，新娘是坐车的，北宋以后逐渐流行坐花轿。有的地方新娘还要由兄长背上轿，同时还要哭哭啼啼的。据说这并不犯忌讳，反而是哭得越响，婆家就越有财，所以有“哭嫁”之说。其实这种哭嫁可以看作上古抢婚之遗风。迎亲队伍在回去时一般不能走原路，得绕道走，这叫“不走回头路”。有的地方在迎亲轿子走后，娘家人还要泼上一盆水，表示女儿已像这泼出去的水一样。

迎亲队伍回到男家之后，这才开始了正式的成婚仪式：拜堂与入洞房。

拜堂也叫拜花堂，俗称拜天地。这是男女成婚最主要的一个仪式。但在拜堂之前，新娘还要经过许多仪俗。如，迎亲队伍回到男家后，喜轿不能马上进门，而要留在门外，据说这是在给新娘“憋性子”，能把新娘的脾气憋得柔顺些。喜轿到了院子里后，还要从预先摆好的炭火盆上慢慢地跨过去，这叫“跨火盆”，意思是烧去一切不吉利的东西，以后的夫妻生活会越过越红火。新娘从轿里出来后，脚还不能踏地，所以又有“传席”的仪俗——地上铺着红毡毯，有人不断地传递着朝前铺，新娘踏席而行。后来也有用米袋的，叫“传袋”，以“袋”隐“代”，取其代代相传的意思。据说在这个仪俗中，新娘的脚不踏地，还隐含有不可得“地”，即不可让她在男家有权有势。这反映了当时男尊女卑的习俗观念。

这一切仪俗完毕之后才是拜堂。江南的旧俗是男左女右，在司仪的引导下，“一拜天地，二拜高堂，三夫妻对拜”。按照古人的意思，男女相交是从结婚开始才具有人伦之义，而结婚又是有“天神之兆”作依据的，所以首先要拜天地；从结婚之日开始，新娘就成为男方家庭的一员，所以又要拜父母；结婚之后，男女双方两个独立的个体融合为一体了，所以还要新郎新娘交拜。

拜堂之后就是大宴宾客的宴请活动。这也有许多讲究，如座次的排列、菜肴的配置、敬酒和祝酒等，甚至还有大唱宴席歌的，以此来营造喜庆的氛围，抒发欢快的情感。

入洞房

新婚夫妇在拜堂之后的仪式就是入洞房。入洞房的第一个主要仪式是“牵巾”。新郎用一条红绿的彩绸牵引新娘，两人相对，新郎倒行着把新娘引入洞房。这条牵巾象征着两人会合的桥梁，两人有此桥梁就可以互相沟通了，所以也叫合欢梁。在彩绸的中间还要结一个同心结，象征两人将同心同德、白头偕老。

新娘自出阁直至拜堂行礼，都是盖着头巾由伴娘扶着的，入洞房时就改由新郎牵入，伴娘不再扶着。

进入洞房之后还有很多礼俗。如：坐帐，也叫坐福。新郎新娘坐在床沿上，新郎以自己的左衣襟压在新娘的右衣襟上，意思是男人要压住女人。坐帐之后就是揭头巾了。面对众多陌生的宾客，新娘常以扇遮羞，这叫“遮扇”。这时新娘呈现在人们眼中的那种半遮半掩的娇羞之态，常常为诗人墨客所吟咏。如南朝梁何逊的《看新婚诗》中就有“何如花烛夜，轻扇掩红妆”的诗句。

进洞房之后最重要的一个节目是同牢合卺。同牢是指新郎新娘同食一牢，即同吃一种猪肉或羊肉，后演变成两人同吃一碗饭，表示成了一家人。合卺则是两人一起喝酒。卺是由同一个瓜或瓠等分剖为两半的瓢，用线拴在一起。一剖为二象征夫妻两体，饮酒后再合而为一，又象征了夫妻的合体之义。到唐朝时改用酒杯，称“双杯”，也叫合欢杯。宋时始有交杯酒的风俗，两个杯子用彩线相连，两人对饮，有时各喝半杯，再交换喝尽，所以称交杯。喝完，还要掷杯于地，若是一仰一俯，就象征了阴阳调谐，大吉大利。

合卺酒之后还有结发或合髻的仪式。结发是新郎解开新娘的头发，然后象征性地把两人的头发结扎一下的仪式。后来称元配为结发夫妻就是源于这个习俗。有人认为结发是指新郎把新娘束发的丝绳解下来的动作。因为女子一旦许嫁，就要用丝绳把头发束起来，表示她已有了对象。新婚时新郎把那根丝绳解下来就是结发。那根丝绳就成了夫妻关系的一个信物。

唐代以后，结发逐渐演变成了合髻。新婚时新郎和新娘各剪下一绺头发，把它们绾在一起作为夫妻的信物。唐代有一个女子叫晁采，她在和情人私订终身时写了一首《子夜歌》：“侬既剪云鬟，郎亦分丝发。觅向无人处，绾作同心结。长发绾君心，幸勿相忘矣！”诗中所说的剪发和绾发就是新婚合髻的仪式。

洞房的最后一个节目就是闹房了，也叫闹洞房。这是婚礼最后的一个高潮。先秦时还没有这个习俗，因为儒家的六礼都比较庄严规矩，婚礼的整个过程比较古板，气氛也比较沉闷，所以很少有喧闹的场面。两汉时期，随着婚礼奢侈之风的兴起，闹房的习俗便逐渐在民间形成。虽说闹房有时显得比较粗野，但却能增加新婚欢乐热闹的气氛，有利于消除新郎新娘羞涩的感觉，所以这种习俗一直延续到了现在。

据《汉书》记载，当时还有一种“听房”的习俗。闹房之后，客人散尽，新郎新娘的侄子、小叔等在窗外偷听两人的悄悄话以为笑乐。《后汉书·列女传》写东汉大儒马融的女儿与东汉望族袁隗新婚，人们去听房，但却没有听到儿女私情的悄悄话，全是有关人伦大义的话，那些话让听房者深深地感到了惭愧。

拜见舅姑

从新娘方面说，婚后成妇的第一道大礼就是拜见舅姑。舅姑就是我们现在所说的公婆。《尔雅·释亲》中曰："妻之父为外舅，妻之母为外姑。"

新娘拜见舅姑的礼仪在周朝是非常庄重的。按《仪礼·士昏礼》的说法，这个礼仪一般是在亲迎的第三天，也就是成婚的次日举行。新娘在那天一早就要起床，梳妆整齐，恭恭敬敬地等待着去拜见舅姑，希望能讨得舅姑的欢心。《礼记·檀弓》中说，新妇如果不妆饰打扮是不敢去见舅姑的。唐代诗人朱庆馀写过一首叫作《近试上张水部》的诗（有的版本就题作《闺意》），这首诗十分形象而生动地写出了一个新嫁娘想要讨得舅姑欢心的心理和神态："洞房昨夜停红烛，待晓堂前拜舅姑。妆罢低声问夫婿，画眉深浅入时无？"花烛之夜就早早地起了床，等待着去见舅姑。还怕自己的妆饰不合舅姑的心意，先低声问问自己的夫婿。虽说朱庆馀是借此来写科举考试的，但却为我们十分传神地刻画了一个等待着去拜见舅姑的新嫁娘的微妙心理，再现了这种拜见舅姑的旧时礼俗。

按照《礼记》的记载，新妇拜见舅姑时，还要带上枣子、栗子和用姜桂腌制的干肉等见面礼，以此来谐音早生子和早立家业的意思。第二天公婆要回敬新妇一杯酒，新妇也答谢一杯酒，然后公婆从西阶下堂，新妇从东阶下堂，以此表示新妇从此代替了主位，公婆成了客。这就是周朝的“著代”之礼。按照周朝的婚礼，新妇在入门之后，还要去宗庙拜见祖宗，行庙见之礼等。这些礼仪在后代都逐渐有所简化和紧缩。

自南朝晋宋以后，新妇在拜见舅姑时还常有众宾列观。唐代则还要拜见新郎的尊长和故旧等，以识记丈夫家的长辈和幼辈，便于以后的称呼，明确自己在丈夫家族中的地位。这对新妇来说是至关重要的一个礼仪。

新妇试厨与成婿礼

新妇在拜见舅姑之后便要开始履行妇职了。第一项工作就是试厨，也就是下厨房做饭来伺候公婆。唐代诗人王建的《新嫁娘》诗中说："三日入厨下，洗手作羹汤。未谙姑食性，先遣小姑尝。"初次伺候公婆，不了解公婆的食性，怕公婆不喜欢，所以拉来小姑来试尝。这首诗写出了新嫁娘对试厨工作的重视。而这一礼仪的象征意义是说明男女在传统社会中的地位与角色的不同。

女儿出嫁三天之内，娘家还要派人送熟食，俗称"暖女"。这是因为出嫁是女儿人生的一个转折点，刚嫁到夫家又难免会有寂寞和冷落的感觉，所以娘家就用送食品的方法来表示对女儿的关怀，以此来温暖女儿的心。这种习俗是在唐宋以后才逐渐形成的，唐以前尚未见记载。

传统的婚礼都是以男家为重的，但女家也要有所庆贺。新娘有隆重的拜见舅姑和试厨等成妇的礼仪，新郎也有热闹的成婿礼，这就是"回门"。

回门礼一般在新娘完成了夫家各项礼仪之后的第三天或第七天举行。届时新郎要陪同新娘回娘家去拜见岳父和岳母。这个仪式也是非常隆重热闹的：女家要大摆宴席款待新女婿，女家的亲属要给新女婿送贺礼，还要戏弄新女婿；新女婿在这里也要叩拜尊长，认认女家的亲戚。在完成了成婿礼之后，女家还要备鼓乐吹吹打打地送他们回家。

完成了成妇礼和成婿礼之后，新婚的仪式才算全部结束，接下来的事情就是准备生儿育女了。

订婚与婚书

我们所见的古代婚书多为古人订婚的婚书，也叫鸾帖、婚帖、庚帖。为什么订婚的时候要有专门的法律文书呢？这应与古人对订婚的重视有关。订婚是男女双方在结婚以前预订婚约的行为。古代的婚姻是由父母包办，订婚是一种被人们广泛认可的形式。订婚被视作婚姻成立的前提条件，每对夫妻都要经历这个步骤。民间老百姓对于订婚，更是非常重视，把它当作婚姻中的一件大事。

古代的订婚仪式包括聘礼和婚书，它们标志着婚姻关系的确立。婚书是中国古代婚姻的书面契约，亦称“许婚契约”“定帖”“定亲帖子”“嫁娶礼书”“龙凤帖”“龙凤礼书”。明代小说《警世通言·王娇鸾百年长恨》中一位媒人曾这么说：“可写合同婚书四纸，将一纸焚于天地，以告鬼神；一纸留于吾手，以为媒证；你二人各执一纸，为他日合卺之验。”从这段文字可以窥知婚书在订婚仪式中非常重要，撰写订婚文书后既要给媒人留底为证，还要分给男女双方供日后成婚之用。

订婚中除了婚书之外，就属聘礼重要了。古代订婚时聘定的礼物也叫红定，民间亦称作彩礼。古时候常以雁、羊、酒为聘礼，富家聘礼极尽奢华，平常百姓则根据自家财力赠送聘礼。北宋以后常以酒为聘礼，装酒的酒瓶或酒壶用红彩缠绕，抬酒的担子也用花红缴担，名为红定。民间聘礼相对简单，亦有以钱财为礼的习俗。

订婚仪式至今仍在一些地区延续，千姿百态的订婚仪式体现了华夏民族的民俗风情，也反映了人们对婚姻的重视，寄托着人们美好的祝福和期盼。

古人如何离婚

解除婚姻是一种正常的现象，古今中外都有离婚现象发生。远古社会没有婚姻形式，男女关系比较松散，结合、分离较为随意。随着社会发展，婚姻体制日渐健全，男女双方的婚姻关系开始规范化，结婚和离婚也都有了严格的规定。

古代夫妇也可以离婚，但古代的离婚和现代差别甚大。古代离婚具有极强的男权色彩，称为“休妻”，实际上是男性对女性的离弃。男子如对自己的妻子不满意，不想维系现有的婚姻状况，便可以将妻子遣回娘家。在周代，男方如果想解除婚姻关系，需要派人前往女方家解释不能共同生活的原因，女方家长便会接受离婚事实，接回女儿。

封建社会对休妻的条件有着明确的规定，归纳了“七出三不去”原则：不顺公婆、无子、淫、妒、有恶疾、多言、盗窃，称为“七出”；如果女方符合无所归（没有娘家可以归属）、与更三年丧（为公婆守过三年丧事）、先贫贱后富贵“三不去”条件，可以不解除婚姻。虽说有“三不去”约束，但实际上男子可以找出自己需要的理由，随意解除婚姻关系。

解除婚姻关系时，男方需要撰写离弃妻子的文书，即休书，这类似于现在的离婚证。休书实际是男子强迫妻子离去时使用的凭据，这与现代双方自愿解除婚姻的情况不同。接受休书回娘家的女子，往往会受世人的冷眼，结局悲惨，如《孔雀东南飞》中的刘兰芝被休回家后受家人逼迫而最终殒命。宋代之后，女子连再嫁都会受到人们的鄙视，受到封建伦理的制约。总之，无论是婚书还是休书，古代女子都处于被动地位，很难掌控自己的命运。

第二章

民居文化

各地民居风貌

中国人对居住空间的建构主要受制于地理环境和季节气候。中国地域广阔，自然环境差异很大，再加上建筑材料和居住观念等因素的不同，导致传统民居的样式多种多样。典型的传统民居样式有西北的窑洞、南方的干栏、草原的帐篷、西南的碉房、平原的木结构、山区的石板房，等等。这些富有地域特色的居住空间，成为当地标志性的人文景观。

(1) 北京四合院

四合院是北京传统民居形式，老北京又叫“四合房”，顾名思义，就是“四面都用房子围合起来”的宅院。其实中国很多传统建筑中都采用院落的形式，北京四合院是其中比较典型的一种。合院建筑在我国具有很长的历史，早在西周时期就已经出现，如陕西凤雏村的西周住宅遗址即为一例，此后在东汉画像砖上的图案，以及敦煌壁画中都发现过合院的形象。

典型的四合院格局都很方正，多数呈长方形平面，采用正朝向。院落的基本单位叫“进”和“跨”，前者表示院落间前后的串联关系，即纵向的院落数量，后者表示左右并联关系，即横向的院落数量。四合院根据其不同的院落大小及其组合方式，可以分为：单进、两进、三进、多跨四合院等。大型四合院往往不仅有好几进院落，还拥有一跨花园，以丰富其空间。

单进四合院的构造最为简单，可以说是个典型的四合房，由院墙、大门、倒座、东西厢房、正房、东西耳房几个元素构成。一般来说，理想的四合院都要保证正房坐北朝南，也就是院落整体正南正北。大门通常设置在院落的东南角，而非正中，这样既可以保证院落内的空间不会被外部一览无余，还可避开冬天强劲的北风。一些宅门还在正对大门的厢房山墙上做一面照壁，上面装饰有精美的石雕。大门的西边是倒座房，通常是作为门房接待客人的，有的还在西南角设有厕所。院落空间多为方形，搭上个葡萄架，夏日就可以在院内乘凉。院落的东西各为两间厢房，是主人的亲戚居住的卧室，当然也可作为主人的起居空间。正房是院落中最为舒适的房间，用作主人的卧室；两侧配以耳房，作为储物场所。空间层次更为复杂的四合院，如两进四合院，就会以垂花门将院落分为前、后两部分。前院比较狭窄，是进入内院的缓冲空间。而内院以垂花门为界，四周有时还以连廊将各个建筑连接起来，这样即使下雨天也可以享用院落空间。

现在北京城内保存下来的四合院还是为数不少的。如什刹海前海的恭王府，晚清大学士文煜的宅院，晚清内务府大臣荣源的宅院（位于东城帽儿胡同）。此外，还有各种近代的名人故居，如鲁迅故居、郭沫若故居、梅兰芳故居，也都是典型的北京四合院。

(2) 土窑洞

在我国河南、山西、陕西、甘肃地区，自古以来流行着一种窑洞式住宅。因为这些地区多为高原黄土地带，地势起伏，土质坚实，老百姓充分利用这个自然条件，创造了多种形式的窑洞住房。其中一种称作靠崖窑，就是在天然土山崖上横向往里挖洞，洞呈长方形，宽约三四米，深达十多米的，顶上做成圆拱形，进口安上门窗就成了一间住房。规模大的窑洞将并列的几个窑洞横向用券门打通联成一体；有的上下做成二层或多层窑洞；有的在山崖外另建房屋并与窑洞一起用围墙围成院落。另一种称作天井式窑，就是在平地上向地下挖一深井，呈方形或长方形，深七八米，再在方井的四壁横向往里挖洞作为住房。从地面经阶梯到井内，井底院子也种植树木花卉，形成一座环境秀美的地下四合院。窑洞建筑的优点是既省工又省料，经济条件差便先挖一个洞，做一副木门窗就能住人；条件好了再接着挖洞，再做比较讲究的门窗装修。窑洞四周土质厚，所以保温好，洞内冬暖夏凉，较为适合北方气候。但它的缺点是比较潮湿，洞内通风不好，另外还怕雨水，尤其天井式窑洞，轻者滴漏，重者可使洞穴倒塌。

(3) 江南水乡民宅

我国江南一带，水流纵横，给城乡的发展带来许多有利的条件，也使这些地区的住宅具有水乡特有的一些特征。

江苏苏州市是古代的平江府，唐、宋时期就是江南有名的手工业和商业繁华的城市。它地处江南平原，著名的运河环绕着城的西面和南面。苏州利用这个有利条件，将城内交通同时规划了陆路和水道两个系统，把运河水经城墙上的水门引入城里，通过干线和分渠组成了与街道相辅的交通网。这样就使城里的许多住宅都是前面通街，后面临河，家家户户的后门都设有台阶下到河面，造成一幅特有的水乡景观。

在安徽黟县的宏村、浙江楠溪江的岩头村和芙蓉村，都可以看到古代设计者将河水经过曲折的水道引到村里的景象。这些河水有的聚为集中的水塘，在水塘周围建造寺庙祠堂和住宅，每遇做佛事、办庙会，举行祭祀礼仪时，这里就成了群众聚会的场所。平日里，池塘边、大树下也是村民休息、交往的地方，灰瓦白墙的建筑，点点红绿的村民，加上水中的倒影，构成一幅绝佳的画面。引入村里的河水，最主要的还是让它沿着与道路并行的水渠流经家家户户的门前。流动的活水，大人在里面洗菜、洗衣，村娃在里面嬉戏玩耍，构成了水乡的特殊景致。有的住宅还巧妙地将门前流水引入宅内，在正屋前的天井里聚水为池，池里堆一点假山，种几枝莲荷，平添不少情趣；有的将水流引经堂前又曲折流去，水上架设石板小桥，使住宅庭院生气勃勃。

(4) 客家土楼

在福建漳州、南靖、龙岩、永定一带有大量土楼，它们有方形的，也有圆形的。外观是高大的土墙，墙上开有少量的窗洞，很像一座堡垒。这种土楼的出现不是偶然的，因为这些地区各氏族之间经常发生格斗，甚至发展到武装冲突。为了保卫自己氏族的安全，一个家族的人家要求集中住在一起，于是出现了这种能够容纳几十户人家的大型住宅。在这两种土楼中，最引人注目的还是圆形土楼，简称为圆楼。据多数学者认为，这种圆楼应是由方楼逐步演变而来的。这是因为无论从使用还是结构、建造等方面来讲，圆楼都比方楼优点多。例如，圆楼可以分作同样大小的房间而没有死角；屋顶施工也没有方楼屋脊十字交叉的结头；圆楼对风的阻力比较小；抗震能力比方楼要强，等等。现存的圆楼外围直径小者五六十米，大者八九十米，以建于清代中叶的永定承启楼为例，外围直径约为 62 米，里面用三层环形房屋相套，共有房间 300 多间，最外一环高四层，底层为厨房和杂物间，二层储存粮食，三层以上住人，中心一环为单层的堂屋，是族人议事、举行婚丧典礼和其他公共活动的地方。

这么大的圆楼是怎样达到防卫目的的呢？从圆楼结构上看，首先是外围高大厚实的墙体。墙厚少者一米，多者达 2.5 米，全部用掺石灰的黄土筑造，逐层夯实。这种灰土墙年代越久越结实，有的在战火中曾遭大炮轰击也没有损坏，可见它坚实的程度。墙的地下基础用大卵石垒砌，卵石之间压砌得十分紧密，这样可以防止攻击者挖地道攻进楼内。所有房间都向院里开窗，所以墙外面多不开窗，只在上层开有方形枪孔，作为防卫者射击和抛扔石块之用。整座圆楼大门很少，承启楼只开有三座大门。每座大门都用石料砌成门框，门扇用厚木料制成，外面还包有铁皮，里面用横、竖两道门栓顶住大门。为了防止用火攻烧门，在门的上方还特别设计了水槽，可以将水放下，在门扇外形成一道水幕，有效地防止了火攻。楼内挖有水井，还会专门储存粮食，这些都是为了适应长期战乱的形势而设置的。这种在特殊形势下产生的民居，如今已成了中外闻名的住宅奇观。

(5) 蒙古包

蒙古包是我国蒙古族、哈萨克族、塔吉克族等民族居住的帐篷，一般为圆形，古代称“穹庐”“毡帐”，即蒙古人所称的“格尔斯”。蒙古包一般用柳条做骨架，外侧包羊毛毡，再在顶部中央设可支起的圆形天窗，是一种可移动的圆形住宅。在柳条两侧涂灰草泥代替毡子，即成为半永久式的固定蒙古包。在两个圆形住宅之间，联以土墙，成为并列的三间房屋而演变成土房。

(6) 傣族竹楼

傣族竹楼是另一种干栏式住宅。云南西双版纳是傣族聚居地区，这里的地形高低变化较大，北部为山地，东部为高原，西部却为平原。

全区气候差别也大，山地海拔达1700米，属温带气候；平原海拔750～900米，属亚热带气候；有的河谷平原，海拔只有500米，已经属于热带气候了。傣族人民多居住在平坝地区，常年无雪，雨量充沛，年平均温度达21℃，没有四季的区分。所以在这里，干栏式建筑是很合适的类型。由于该地区盛产竹材，所以许多住宅用竹子建造，称为竹楼。粗竹子做骨架，竹编篾子做墙体，楼板或用竹篾，或用木板，屋顶铺草。所以，竹楼用料简单，施工方便而且迅速。竹楼的平面呈方形，底层架空多不用墙壁，供饲养牲畜和堆放杂物，楼上有堂屋和卧室，堂屋设火塘，是烧茶做饭和家人团聚的地方；外有开阔的前廊和晒台，前廊是白天主人工作、吃饭、休息和接待客人的地方，既明亮又通风；晒台是主人盥洗、晒衣、晾晒农作物和存放水罐的地方。这一廊一台是竹楼不可缺少的部分。这样的竹楼一防潮湿，二散热通风，三可避虫兽侵袭，四可避洪水冲击。因为这里每年雨量集中，常发洪水，楼下架空，墙又为多空隙的竹篾，所以很利于洪水的通过。

(7) 羌族碉楼

羌族是我国历史悠久的少数民族之一。羌族人民根据自己生活环境的地质和地貌特点，建筑材料的运用会从实际出发，因地制宜，逐渐形成了独特的建筑风格，表现出强烈的民族特色。碉楼是羌族建筑中颇有特色的一种，羌语称碉楼为“邛笼”。羌碉被法国建筑学家称为“世界建筑明珠”“东方金字塔”。

碉楼有四角、六角、八角等几种形式，一般为二层至三层，上层堆放粮食，中层住人，下层圈养牲畜。当然，也有高达十三四层的碉楼。房顶平台的最下面是木板或石板，伸出墙外成屋檐。木板或石板上密覆树杈或竹枝，再压盖黄土和鸡粪夯实，厚约0.35米，有洞槽引水，不漏雨雪，冬暖夏凉。房顶平台是脱粒、晒粮、做针线活及孩子、老人游戏休歇的场地。

地方的家庙与祠堂

我们走到农村，尤其到经济比较富裕的农村，往往可以看到先辈们建造的祠堂，这是一种地方性的家庙。在中国古代的封建社会里，不仅上有世代相传的皇族，而且下到老百姓中间，家族观念都很深刻，往往一个村落就生活着同一个姓的一个家族或者几个家族。家族内都有自己的族规和族训，由有威望的族长实行统治，可以说这是整个封建社会在最基层的政治支柱和思想支柱。所以就像皇帝建太庙祭祀祖宗一样，各族也多建立自己的家庙祭祀祖先，这种家庙一般都称作祠堂。

民间的祠堂和皇帝的太庙不同，它除了供奉和祭祀祖先外，还具有多种用处。一是祠堂为族长行使族权的地方，凡族人违犯族规，则在这里被教育并受到处罚，甚至驱逐出宗祠，所以它也可以说是封建道德的法庭，带有基层衙署性质的建筑。二是祠堂可作家族的社交场所，族人在这里交往沟通。尤其有的祠堂内还有戏台，在祠堂旁边附设学校和仓库，吸收本族儿童上学和贮藏粮食。族人在这里观戏、上学，祠堂已成为具有民俗性质的公共建筑。正因为这样，祠堂建筑一般都比民宅规模大，质量好，越有权势和财势的宗族，他们的祠堂就越讲究，几重院落，高大的厅堂，精致的雕饰，成为这个家族光宗耀祖的一种象征。

木结构传统建筑

如今，木结构成为判定古建筑和现代建筑的主要标准之一。古民居建筑以木结构为主体，不仅是因为木材是中国常见的材料，质地坚韧，触感良好，容易施工，而且还在于木结构造型轻盈，屋宇更有飞扬意味，配合厚重的山墙或外墙，兼具端庄与活泼，符合中华民族中庸个性的审美心理。木结构建筑体制的传统也折射出中国文化的基本精神：中国文化的伦理本位特质，排斥了对彼岸世界的追求，而着重引导人们注重现实世界的亲情之爱。中国人诚然也有“长生不老”的欲望，但在文化主脉中，却很少有依赖物质以达到永恒的意向。人的生命是有限的，中国人也不希望建筑能永存。中国文化与西方文化有所不同，一个以人为中心，一个以神为中心，也就是“人本”和“神本”“物本”的文化概念。神和物都是永恒的，人却是暂时的，在不同的价值观念下自然产生不同的选择态度和方法。在长期的历史发展过程中，中国人坚持木结构建筑原则与此有很大关系。

中国古代民居建筑蕴含着一种生命常变的观念。在中国文化里蕴含一个重要的观点，就是万物变动不居。中国人认为人难免一死，死后会有下一代继承，下一代死后会有再下一代继承，自己有限的生命必须靠儿孙延续，因此没有儿孙被视为最大的不孝。这是中国人与西方人不同之处，中国人是要儿孙来纪念自己，不以房子来纪念自己；而西方人则常用建筑来纪念自己，因此外国人盖个房子，常用石头刻字嵌在上面。他们还会在大学里募捐一座建筑，因为每座建筑都有捐赠者的姓名，日后靠大学的持续，这姓名亦能保存久远。而中国人却没有意识到这一点，也因为传统民居木结构房子雕刻无法持久，人们知道再华丽的建筑，时间都是有限而终会腐朽的。因此与时间竞争是无济于事的。任何建筑物过了一定时间就会腐朽，腐朽后需要更新。“百年大计”是后来西方传入的观念，在传统的中国是没有的。建筑与人生一样，不必过分努力期望它能永恒持续下去，生命是不会永恒的，建筑只代表一代的生命，它会随着代际更迭而消失。

很明显，用木头盖的房子容易倒塌，而用石头垒起来的房子保存的时间更为久远。中国大量的旧房子是民国时期的，留下来的明清两朝的房子已经非常少了。中国人根本就没有这种观念——认为木头是比较容易腐坏的材料，石头是更结实的材料，用石头建造房子不容易垮。中国人认为，房子旧了就应该建新房子。新的才是喜庆的、充满希望的。这和西方人的观念完全不同，譬如在英国，如果哪一家拥有一座古堡，亦即13世纪骑士时代的建筑，会令人肃然起敬。在中国则恰恰相反，住老房子的人被视为没出息；有出息的就该拆掉老房子，盖栋又新又大的房子。在中国传统文化中，除士大夫阶层把玩古玩之外，并没有保存旧东西的习惯。农村的庙宇，哪一座是新盖的，哪家香火就旺盛。所以说，中国人保存古建筑的观念是比较淡薄的。

民居中体现的文化含义

对于中国人而言，居所不仅是人们避风躲雨的地方，可以给人们安全与保护，更是一种精神的栖居地。在中国传统文化中，无论公侯王爵、士人乡绅，还是庶民百姓，生活中首要的考虑便是添置房产，成家立业。居所，某种意义上来说，为安身立命之本。有了居所，才有安定与安全，才有“家”的富有和温馨。

民居建筑不仅是物质的存在，也蕴含了丰富的伦理和吉祥文化的内容，民俗气息浓郁。从民居布局来说，北京四合院正房、厢房的设计，明堂、暗室的对称，天井及游廊的构置，显得秩序井然，传统封建宗法理念及伦理秩序得以淋漓尽致的展现。晋中大院宏大的建筑群，巍峨的门墙，精美的影壁及错落的楼院，透射出晋商雄厚的财力及勤劳经商的理念。陕北窑洞的门匾题刻内容非常丰富：或题显要门第，如“进士”“大夫第”“武魁”“骑尉第”等；或题家传古训，以警后世，如“诗书门第”“忠孝传家”“践道履仁”等；或题吉祥语词或主人的精神追求，如“福禄寿”“德寿轩”“清雅贤居”“树德务滋”“安乐居”……江西古民居最普遍的形式是“天井”格局。各房屋皆开天井，天井是指上缘由屋顶四向的屋檐或墙壁组合构成，下底铺地面积大于井口，凿内池、留沟防、设路径、安石埠、置盆栽种种异制，都具有集水、纳阳、通风、采光、消防等多种建筑功能。雨水通过水枧流人阴沟。俗称“四水归堂”，意为“财不外流”。坠绳，是拴在天窗正中用来固定蒙古包的拉绳。春秋季节刮起大风或羊角风的时候，用力把拉绳揪住，或者把它固定在外面北墙根的桩子上，可以防止蒙古包不被风刮走。蒙古人认为坠绳是保障蒙古包安宁、保存五畜福分的吉祥之物，是蒙古包的“安全带”。坠绳是一种蕴含保护家庭安全、五畜繁衍的吉祥物，所以非常神圣、珍贵，外来人不能用手去摸。客家居住的土楼多以“福”“兴”“昌”等吉祥字眼命名。如永康楼、日升楼、福星楼、福田楼、裕兴楼、庆余楼、九福楼、永安楼、振福楼、永昌楼、积庆楼、德馨楼、永和楼、永固楼、福兴楼、集源楼……每个楼名都很清楚地表明了楼主追求美好生活、事业昌盛的期盼与祈求。中国官邸及有地位人家宅院都喜欢在府邸的大门及内门前放置两个石狮，或狰狞或憨厚，给宅邸增色不少，晋中大院也不例外。晋中大院的石狮，以榆次常家静园的石狮最为突出。在这座不足200平方米的小园子，伫立着百余尊大大小小的石狮子，形态各异、栩栩如生，表达了宅主对家族事业兴旺的祈福与追求。

从民居装饰来说，雕饰艺术尤为明显，无论是北京四合院的门楼、影壁，晋中大院的门墙、脊兽，陕北窑洞的窑脸、剪纸，还是皖南民居的马头墙、重檐，湘西吊脚楼的檐角、门窗，雕饰都是十分重要的一种美化手段，也表现出了中华民族的文化共同性。陕北窑洞的木雕图案主要以植物、动物、祥云、文字、琴、书等为内容，表现了人们对美好生活的向往和追求，如“狮子滚绣球”，象征人世的权势、富贵，也有镇宅驱邪之意，有喜庆、吉祥意念；“凤凰戏牡丹”象征荣华富贵；“草龙”象征了神圣、力量、吉祥与欢腾之意。湘西人的吊脚楼把凤凰和牡丹作为窗饰雕刻形象，有“富贵吉祥”之意；“喜鹊登梅”意为国泰民安、喜事不断；“麒麟送子”意为祥瑞降临、圣贤诞生；另外还有“天仙送子”“五福捧寿”“五子登科”“封侯拜将”等窗雕，皆寄托着湘西各族人民对幸福美好生活的祈福和向往。皖南徽州民居雕饰艺术历史悠久，在长期发展中逐步形成了具有地区特色的雕饰艺术，木雕、砖雕、石雕被称为“徽州三雕”，为世人瞩目。这些雕饰艺术以历史内容、戏剧人物、民间故事、生活习俗、花卉鸟兽等为素材，深刻反映了该地区人们对美好生活的热烈追求，也折射出徽商文化的深厚内涵。在雕饰中，人们通过雕饰各种动植物图案，利用谐音、暗喻、联想等，表达一种纳福求吉、驱邪避祟的共同心理和对美好生活的期盼。如五福捧寿——图案由一寿字或寿桃及周围五只蝙蝠组成，寓意有福长寿。连年有余——图案由莲与鱼组成。“莲”和“连”、“鱼”和“余”、富裕的“裕”谐音，象征吉祥富裕、美好。万事如意——图案由两个柿子与一支“如意”组成。“柿”与“事”谐音，寓意“事事如意”，象征着事事吉祥、如意。喜鹊登梅——图案由喜鹊与梅花组成。喜鹊象征吉祥、喜庆，寓意为国泰民安、喜事连连。岁岁平安——图案由一只插有结穗植物（如稻、稗）的花瓶及旁边一只鹌鹑组成。“穗”与“岁”、“瓶”与“平”、“鹌”与“安”谐音，表示“年年平安”。

中国古典园林的审美旨趣

中国古典园林艺术是人类文明的重要遗产。它被举世公认为世界园林之母，世界艺术之奇观。其造园手法已被西方国家所推崇和模仿，在西方国家掀起了一股“中国园林热”。在中国汉族建筑古典中园林是独树一帜有重大成就的建筑。中国的造园艺术，以追求自然精神境界为最终和最高目的，从而达到“虽由人作，宛自天开”的审美旨趣。它深浸着中国文化的内蕴，是中国五千年文化史造就的艺术珍品，是一个民族内在精神品格的生动写照。

中国古典园林有以下特点：

(1) 造园艺术，“师法自然”

“师法自然”，在造园艺术上包含两层内容。一是总体布局、组合要合乎自然。山与水的关系以及假山中峰、涧、坡、洞各景象因素的组合，要符合自然界山水生成的客观规律。二是每个山水景象要素的形象组合要合乎自然规律。如假山峰峦是由许多小的石料拼叠合成，叠砌时要仿天然岩石的纹脉，尽量减少人工拼叠的痕迹。水池常作自然曲折、高下起伏状。花木布置应是疏密相间，形态天然。乔灌木错杂相间，追求天然野趣。

(2) 分隔空间，融于自然

中国古代园林用种种办法来分隔空间，其中主要是用建筑来围蔽和分隔空间。分隔空间力求从视角上突破园林实体的有限空间的局限性，使之融于自然，表现自然。为此，必须处理好形与神、景与情、意与境、虚与实、动与静、因与借、真与假、有限与无限、有法与无法等种种关系。如此，则把园内空间与自然空间融合并扩展开来。比如漏窗的运用，使空间流通、视觉流畅，因而隔而不绝，在空间上起到互相渗透的作用。在漏窗内看，玲珑剔透的花饰、丰富多彩的图案，有浓厚的民族风味和美学价值；透过漏窗，竹树迷离摇曳，亭台楼阁时隐时现，远空蓝天白云飞游，造成幽深宽广的空间境界和意趣。

(3) 园林建筑，顺应自然

中国古代园林中，有山有水，有堂、廊、亭、榭、楼、台、阁、馆、斋、舫、墙等建筑。人工的山，石纹、石洞、石阶、石峰等都显示自然的美色。人工的水，岸边曲折自如，水中波纹层层递进，也都显示自然的风光。所有建筑，其形与神都与天空、地下自然环境吻合，同时又使园内各部分自然相接，以使园林体现自然、淡泊、恬静、含蓄的艺术特色，并收到移步换景、渐入佳境、小中见大等观赏效果。

(4) 树木花卉，表现自然

与西方系统园林不同，中国古代园林对树木花卉的处理与安设，讲究表现自然。松柏高耸入云，柳枝阿娜垂岸，桃花数里盛开，乃至树枝弯曲自如，花朵迎面扑香……其形与神，其意与境都十分重在表现自然。

师法自然，融于自然，顺应自然，表现自然——这是中国古代园林体现“天人合一”文化精神之所在，是独立于世界之林的最大特色，也是永具艺术生命力的根本原因。

第三章

礼仪文化

中国古代礼仪概说

礼仪是人们在社会交往中由于受历史传统、风俗习惯、宗教信仰、时代潮流等因素而形成的。既为人们所认同，又为人们所遵守，是以建立和谐关系为目的的各种符合交往要求的行为准则和规范的总和。简而言之，礼仪就是人们在社会交往活动中应共同遵守的行为规范和准则。礼仪作为人们在社会生活中应按各自身份所遵循的行为规范，和古代社会的政治体制及其文化融为一体，已积淀成为中国传统文化的重要组成部分。在过去漫长的历史年代里，礼仪作为一种制度规范、思想规范，全面制约着世人的思想言论和行动。“非礼勿视，非礼勿听，非礼勿言，非礼勿动”，在某种意义上，可以看作是“礼”制的历史。要了解中国文化，首先就得了解中国礼仪文化。

中国古代礼仪形成于“三皇五帝”时代，此后，经过夏、商、周这三个奴隶制社会国家1000余年的总结与推广，日趋完善。周朝前期历经文王、武王、成王三个君主，重新“兴正礼乐，度制于是政，而民和睦，颂声兴”。周公还在朝廷设置礼官，专门掌管天下礼仪，把我国古代礼仪制度推向了较为完备的阶段。

春秋时期的孔子（公元前551—前479年）把“礼”推向了一个至

高无上的地位。他倡导人要“克己复礼”，教育他的弟子们做到“非礼勿视”“非礼勿听”“非礼勿食”。

到了汉武帝时期，“废黜百家，独尊儒术”的治国方略确立后，礼仪作为社会道德、行为标准、精神支柱，其重要性被提高到了前所未有的高度。此后历朝历代都在朝廷设置掌管天下礼仪的官僚机构，如汉代的大鸿胪、尚书礼曹，魏晋时的祠部（北魏又称仪曹），隋唐以后的礼部尚书（清末改为典礼院）等。同时，礼仪学越来越重要。汉代把《周礼》《仪礼》列为五经之一，这些是读书人的必修之课。

礼有一个重要的作用，即礼是维护当时社会等级和统治阶级利益的有力工具。《礼记·坊记》中记载：“制国不过千乘，都城不过百雉，家富不过百乘。”分封的诸侯国不可以有超过千乘的军力，城墙不可以有超过高一丈、长三百丈的规模，卿大夫之家不可以有超过百乘的财力。类似这样的许多规定，就是维护君主利益的等级堤防。礼起到了一个“准法律”的作用。

中国古代有五礼之说，即吉礼、凶礼、宾礼、军礼、嘉礼。五礼的内容相当广泛，从反映人与天、地、鬼神关系的祭祀之礼，到体现人际关系的家族、亲友、君臣上下之间的交际之礼；从表现人生历程的冠、婚、丧、葬诸礼，到人与人之间在喜庆、灾祸、丧葬时表示的庆祝、凭吊、慰问、抚恤之礼，可以说是无所不包，这也充分反映了古代中华民族的尚礼精神。

(1) 吉礼

祭祀的典礼，为五礼之首。古时候，凡关系到国家大事的，都要进行祭祀。祭祀的对象包括天地鬼神，社稷祖宗等。其主要内容可包括三个方面。第一是祭天神，即祀昊天上帝，祀日月星辰，祀司中、司命、风师、雨师等。始于周代的祭天也叫郊祭，冬至之日在国都南郊圜丘举行。古人首先重视的是实体崇拜，对天的崇拜还体现在对月亮及星星的崇拜。所有这些具体崇拜，在达到一定数量之后，才抽象为对天的崇拜。周代人崇拜天，是从殷代出现“天帝”崇拜发展而来的，最高统治者为天子，君权神授，祭天是为最高统治者服务的。因此，祭天盛行到清代才宣告结束。其次是祭地祇，即祭社稷、五帝、五岳，祭山林川泽。夏至是祭地之日，礼仪与祭天大致相同。汉代称地神为地母，说她是赐福人类的女神，也叫社神。最早祭地是以血祭祀。汉代以后，不宜动土的风水信仰盛行。最后是祭人鬼，也称宗庙祭祀，主要为春夏秋冬享祭先王、先祖、先师及先圣。

(2) 凶礼

一般为丧葬之礼，也包括天灾人祸时的哀吊等。具体可分为丧礼、荒礼、吊礼、聘礼、恤礼五类典礼。丧礼是对各种不同关系的人之死亡，通过规定时间的服丧过程来表达不同程度的哀痛；荒礼是对某一地区或某一国家受到饥馑的疠疫不幸遭遇，国王与群臣都采取减膳、停止娱乐等措施来表示同情；吊礼是对同盟国遇有死丧或水火灾祸而进行吊唁慰问的一种礼节。这三种礼节各级贵族都可举行。聘礼是指同盟国中某国被敌国侵犯，城乡残破，盟主国应会合诸国，筹集财货，偿其所失；恤礼是指某国遭受外侮或内乱，其邻国应给予援助和支持。这两种礼节必须在诸侯之间才能进行。

在各种礼仪中，丧礼的产生最早。丧礼于死者是安抚其鬼魂，于生者则成为分长幼尊卑、尽孝正人伦的礼仪。

(3) 宾礼

即邦国间的外交往来及接待宾客的礼仪活动。如天子受诸侯朝觐、天子受诸侯遣使来聘、天子遣使迎劳诸侯、天子受诸侯国使者表币贡物、宴诸侯或诸侯使者。此外，王公以下直至士人相见礼仪，也属宾礼。

(4) 军礼

军礼主要是指有关军事活动时的礼节。其中也包括校阅、献捷、田猎、筑城等动用军队的活动。

(5) 嘉礼

嘉礼是融和人际关系，沟通联络感情的生活礼仪。分为饮食、婚冠、飨宴、宾射、贺庆等项，内容在五礼之中是最复杂的。传统礼俗中的内容与形式大多由嘉礼传递而来，形成了最富民族特征的礼仪形式。

嘉礼各项中饮食包括各级贵族的饮食之礼；婚冠则包括贵族的婚礼与冠礼；飨宴包括天子、诸侯有贵族的宴礼；宾射指射箭比赛的礼仪；贺庆则指可贺可庆之事，和我们今天的庆典礼仪比较接近。

古代诞生礼

生育成长礼仪是古代礼仪习俗中非常重要的活动。它包括一个人在生命历程中进入各个不同发展阶段而举行的仪式。其中的诞生礼和成年礼是非常重要的礼仪。

(1) 初生礼

生育是古人非常关心的一件大事，家中添丁进口后，要遵照礼俗进行庆贺。

婴儿初生的第一项礼仪活动便是报喜，向亲戚朋友邻居以及宗祠报喜。由于重男轻女的宗法观念的影响，早在先秦时就有了弄璋、弄瓦之说。璋是古代贵族所用的玉器，代表男孩，预示所生的男孩长大后能执玉器为王侯，所以生男孩就叫弄璋之喜；瓦是古代女子纺织用的纺砖，代表女孩，所以生女孩又叫弄瓦之喜。

在报喜的同时，还要在门口张挂婴儿诞生的标志，以在一定范围内起到报喜的作用，同时防止不知情者贸然闯入，提醒一些特殊人物如孕妇、服孝者等自行回避。这个标志还是一个能说明性别的象征物，《礼记·内则》说："子生，男子设弧于门左，女子设帨于门右。"弧是弓，弓是武士的象征，代表男性；帨是佩巾，代表女性。

(2) 三朝礼

新生儿诞生之初，虽有报喜等礼俗，但都不能触及婴儿。一般要到第三天才举行一个正式的礼仪来对新生命的诞生表示庆贺。届时亲朋好友带着贺礼来道喜，主人则设宴款待。这一天还要对新生儿举行几项仪式：

一是对脐带和囟门做礼仪性的处理，俗称落脐炙囟。

二是象征性的开奶和开荤。先是抹几滴黄连汤在婴儿的嘴上，边抹边说："三朝吃得黄连苦，来日天天吃蜜糖。"然后蘸一些用肥肉、状元糕和酒、鱼、糖等食品制成的汤水在婴儿的唇上，也是边蘸边唱："吃了肉，长得胖；吃了糕，长得高；吃了酒，福禄寿；吃了糖和鱼，日日有富余。”最后让婴儿尝一口从别人那里要来的乳汁。

三是三朝礼中最典型的洗三，也叫洗三朝。即用槐枝和中草药煮成的汤水给婴儿沐浴，并边沐浴边唱祝词：“洗洗头，做王侯；洗洗腰，一辈倒比一辈高；洗脸蛋，做知县；洗腚沟，做知州。”洗完后用姜片、艾蒿擦脑门和身体的重要关节，以使孩子健壮；还要用新布蘸清茶水擦婴儿的牙床，让他放声大哭，以此为吉兆，俗称“响盆”；最后还要用大葱打三下，以使他聪明伶俐。

(3) 满月礼

满月礼很隆重热闹。生子满月值得庆贺，产妇出月子也该纪念。婴儿满月后许多禁忌就随着解除了，所以主人要请亲朋好友来喝满月酒。据《东京梦华录》记载，宋朝小儿满月时，主家在盆中烧了香汤，亲友就撒钱在汤中，称“添盆”。这是一种独具特色的馈赠仪式。

满月时还有剃胎发、出门游走等仪俗。剃胎发是满月礼中的一项重要仪俗，多由舅舅主持，是母系社会人际关系的某种遗留。剃头时额顶要留“聪明发”，脑后要蓄“撑根发”，眉毛则要全部剃光。剃下的头发还要收藏好。这种习俗一直延续到现在。

满月游走也叫满月逛街，是一种为婴儿祈求吉祥的活动。据《东京梦华录》记载，宋代在满月礼落胎发之后，便“抱牙儿入他人房”，一般是由外婆或舅舅抱去礼节性地小住，谓之移窠或挪窝。目的是让婴儿能象征性地见见世面，以便将来能有出息、有胆识，成为一个精明能干的人。

(4) 百日礼

百日也叫百晬，《东京梦华录》中说：“生子百日置会，谓之百晬。”晬，婴儿周岁之谓也。百日又称百岁，明沈榜《宛署杂记》中说："一百日，曰婴儿百岁。"所以过百日也叫过百岁。

百有圆满、完全等意义，所以百日礼多在"百"字上做文章，其中最有特色的就是百家衣和百家锁了。百家衣是一种集邻里各色碎布连缀而成的服饰，状如僧衲。是为婴儿祈寿而做，据说能托百家之福消灾避难。百家锁也是一种集百家之金银打制而成，或由多家人家合送的象征物。锁上多有"长命百岁""长命富贵"等祝福吉祥的文字或图案，所以也叫长命锁。

(5) 周岁礼

周岁既是诞生礼的总结，也是寿礼（生日礼）的开始，所以一般庆祝时都比较隆重。所送的礼品多为衣服鞋帽，其中鞋子是必不可少的，因为此时孩子已能蹒跚行走了。旧时以送虎头鞋为最多，因为据说穿上虎头鞋后，小孩就能壮胆避邪、安全成长了。

周岁礼中普遍流行抓周，也叫拈周或试周等。父母以各色象征物摆放在孩子面前，随其抓取，以此来预测他的志趣、前途和将来可能从事的职业等。一般以文房四宝代表读书为文，以算盘戥秤代表经商贸易，以珍宝玩具代表贪婪玩耍，以炊具碗筷表示主持家务，以刀尺针线表示女工，以首饰花朵表示喜好打扮，等等。这种习俗最迟在南北朝时已经出现，盛行于古今。小说和传记中多有记载，例如贾宝玉抓了脂粉和钗环，贾政便骂他将来必为酒色之徒；杨绛说钱钟书抓了一本书，他的祖父和父亲都很高兴，因此取名为"钟书"。

古代成年礼

成年礼也叫“成丁礼”，标志着一个人成为成年人，可以组织家庭，要承担社会赋予他的责任。中国男子成年实行冠礼，女子成年实行笄礼。古人成年先行冠礼，然后才行婚礼。所以冠婚二字常常一起使用。

冠礼也叫成男礼或成丁礼，主要的礼仪形式就是加冠，所以叫冠礼。冠在人的头上，至高无上，地位最尊，所以古人对冠特别重视。子路在卫国的一次战争中负了重伤，帽缨也被砍断了，临死之前他却说：“君子死而冠不免。”遂结缨而死。可见冠在古人心目中的地位。因此行冠礼就能使人增添庄重的感觉。行冠礼之前，当事人还是孩子，加冠之后就成了大人，别人就要以成人之礼来相待了，自己的言行举止也要符合社会的礼仪规范，所以冠礼被称为“礼之始”，被列为六礼（冠、昏、丧、祭、乡、相见）之首。

据《礼记·士冠礼》的记载，冠礼是在宗庙里举行的，由父亲或兄长主持仪式。仪式非常隆重而烦琐，大致有十几道顺序：

先是以占卜决定加冠的吉日，然后在三天之前预先通知宾客，再在宾客中选定一个负责加冠者，选定之后还要一再地敦请。到了加冠那天，请宾客入庙就位，接受加冠的青年出房就位行礼，接着开始进行加冠礼。正式的加冠礼有三次：初加缁布冠，表明他已成人，有了成人所应有的一切责任和权力，例如可以管理人；二加皮弁，表示从此要服兵役；三加爵弁，表明从此有权参加祭祀。每加一次冠，宾客都要对受冠者致祝词；三次加冠之后，主人要设酒宴礼宾。这以后加冠青年还要去拜见母亲，然后由宾客给他取字，之后再去拜见兄弟等家人，拜见地方行政长官和乡里的前辈。加冠青年在向家人和地方长官以及前辈行礼时，受礼者都要答礼，以示家庭和社会对刚加冠的男性新成员的尊重，并让他明白今后将要负担的家庭和社会的责任。最后是主人敬酒并恭送宾客。至此成人的加冠礼才全部结束。

由上简述可知，先秦时的加冠礼是相当繁复的。后来这种仪式逐渐地有所简化。

加冠礼中文化意味较浓的一个内容是取字。“童子无字”，字是成人的一个标志。《礼记·冠义》说：“已冠而字之，成人之道也。”行冠礼取字后，别人一般就不能随便直呼其名了，而必须称其字。直呼其名就成为一种很失礼的行为。

加冠既然是成人的一个标志，冠便成了贵族成年男子的重要服饰，该戴冠的场合如果不戴冠，常会被看作是一种非礼的行为。《晏子春秋·内篇杂上》中说齐景公“被发，乘六马，御妇人，以出正闺”，一个叫刖跪的守门人竟然“击其马而反之，曰：‘尔非吾君也。’”使“景公惭而不朝”。一个小小的守门人居然敢如此大胆地阻挡景公，不让他的车马走出宫门，原因就在景公的披发不冠不合礼，景公自己也感到了理亏。《史记》中也说到汉武帝有一次因为不冠，望见汲黯来奏事竟躲到了帐中去。这说明戴不戴冠不仅仅是一个礼制问题，还含有对别人是否尊敬的意思。《后汉书》中说马援在未做官时，“敬事寡嫂，不冠不入庐”，表示的就是对寡嫂的敬重和礼貌。

行冠礼的年龄一般在二十岁。《礼记·曲礼上》：“二十曰弱，冠。”二十岁虽说身体还不太强壮，但已成年，可以行冠礼了。而实际上行冠礼的年龄还常有早于二十岁的现象。《左传·襄公九年》中记载：“国君十五而生子，冠而生，礼也。”一个男青年只有行了冠礼之后才能择偶婚配，才合乎礼。所以为使未满二十的男青年生子合礼，就只有提前行冠礼了。孔颖达在《礼记》的疏文中说，唐代的庶人和士人之子年二十而冠，但卿大夫十五以上就可以行冠礼了，天子、诸侯和天子之子更有早到十二岁就行冠礼的。身份越高的嗣子，行冠礼的年岁就越有可能提前。这种做法其实是为延续宗法社会而采取的一种无奈的变通。

女子行笄礼的年龄要早于男子。《礼记·内则》中说女子“十有五年而笄”。十五岁在女子为“及笄”之年，已经成年可以出嫁了。《仪礼·士昏礼》说：“女子许嫁，笄而醴之称字。”女子到了十五岁就可以出嫁了，但之前要先给她举行笄礼，并像男子一样也给她取个字。如果十五岁还没有许嫁呢？郑玄说：“其未许嫁，二十则笄。”嫁不出去的姑娘，最迟二十岁也要行笄礼。

笄是一种盘头发用的簪子。所谓笄礼，就是将头发绾起来，用笄簪上。在古代，无论男女，幼年时的头发都是自然披散的，最多也只是扎成两束垂在脑后，称“总角”。成年之后，头发就要精心收拾了。男子加冠，女子加笄，但由于重男轻女的缘故，有关笄礼的记载比较少见，举行时也远不如冠礼隆重。在朱子的《家礼》中，记载了一般人家的笄礼仪式：女子于许嫁之后由母亲主持笄礼。提前三天通知宾客，提前一天登门邀请行笄礼的主宾。行礼之日，主妇恭迎女宾入堂，并请主宾为女孩加笄。然后是换衣、祭酒、用字。最后是父亲带去祠堂拜祖先，与长辈见礼，宴请宾客。

全部程序与男子的冠礼相比，少了三加，也没有与地方长官和乡绅见面的内容。这是因为女子成年以后的社会活动和社会责任有别于男子，她的主要活动范围都被限制在室内的缘故。所以女子婚后就有了一个别称叫“内子”。

中国社会发展到今天，由于各种原因，丢失了很多可以承载民族人文品格和精神气度的传统。“礼”是中华传统文化的核心要素，是一种寓教于“美”的文明教化方式，是我们民族特有的人文传统。礼乐文化强调秩序与和谐，这一民族文化传统的回归，无疑会给我们庞大的民族带来屹立风雨的底气，给庸俗文化有泛滥趋势的当今，带来一股雅正的新风。

自然，我们并不需要完全照搬古人追求的礼仪，而且，按照“礼”的内涵，讲的是“恰如其分”，而不是一味恭敬。作为文明的传承者，我们需要在尊重文明传统、吸取既有文明合理内涵的基础上，为传统冠礼注入新的时代精神。我们现在学习、创新和实践新的冠礼，就是为了继承这份珍贵的历史文化遗产，为了让民族传统礼仪对振奋民族精神、弘扬民族文明、激励青年人的成长发挥应有的作用。

古代的跪拜礼

我国在汉代以前，还没有正式的凳椅。人们在进食、议事、看书时，只是在地上铺一条用芦苇、竹篾等编成的铺垫用具，即席子，人坐在席子上，故称“席地而坐”。如果请客人坐正席，则多垫一重席子，表示恭敬。就连朝廷的最高统治者也是“席地而坐”，不过，所坐的东西比普通老百姓好一些。如周代每次举行大朝觐时，王者所坐的席位，设有绣着黑白斧形的屏风，屏风前面南向铺设着莞草编成的席子，上面再加上五彩蒲席和桃枝竹席，左右摆设玉几，给王者凭依。

因此，古代所谓“坐”的姿势，和我们现代人的“坐”完全不一样。坐时要两膝着地，然后将臀部坐于后脚跟之上，脚掌向后向外。古人的“坐”，实际上与我们现在的跪相似。在接待宾客中，每当“坐”着向客人致谢时，为了表示尊敬，往往伸直上半身，也就是“引身而起”，使坐变成了跪，然后俯身向下，这样，便逐渐形成了日常生活中的跪拜礼。

古人认为，不跪不叫拜。拜，在古代就是行敬礼的意思。按照周代礼仪的规定，当时对跪拜的动作和对象，做了严格的规范，共分稽首、顿首、空首三种，称为“正拜”。行稽首礼时，拜者必须屈膝跪地，左手按右手，支撑在地上，然后，缓缓叩首到地。稽留多时，手在膝前，头在手后，这是“九拜”中最重的礼节。一般用于臣子拜见君王和祭祀先祖的礼仪。（后来，僧人举一手向人们行礼，也称“稽首”。）

行顿首礼时，其他和稽首相同，不同的是拜时必须急叩头，其额触地而拜。一般用于下对上的敬礼。（“顿首”二字，后来也用于书信中的起头或末尾，也有首尾都用的，表示对对方的恭敬。）

行空首礼时，双膝着地，两手拱合，俯头到手，与心平而不到地，故称“空首”，又叫“拜手”。这是“九拜”中男子跪拜礼的一种。

其他如振动，不仅要跪拜、顿首，拜后还要“踊”，即跳踊，一般都在丧事时，拜者往往捶、胸、顿足、跳跃而哭，表示极度悲哀。凶拜，即行礼时，先顿首，后空首；吉拜，则在行礼时，先空首，后顿首；奇拜，奇为单数，即一拜；褒拜，即再拜、三拜。古代以再拜为重。

肃拜，是古代女子跪拜礼的一种。拜时跪双膝后，两手先到地，再拱手，同时低下头去，到手为止，故又称“手拜”。肃，手到地的意思。所以后来在书信来往中，为了表示对对方的尊敬，往往写上“谨肃”。妇女行礼也称“端肃”，即源于此。

到了汉代以后，才渐渐有高座，凳椅先后问世。人们不再“席地而坐”，因而使原来生活中的“跪坐”起了很大变化。但跪拜礼仍然存在，却变成了等级差别的标志，主要运用于官场之中。如臣子拜皇帝、小官拜大官、奴才拜主子等。有时要行三叩九拜之礼，在民间，如祭祀、祝寿等风俗中，仍世代相传。后来，又增加了打千（行礼时左膝前屈，右腿后弯，上体稍向前俯，右手下垂）、作揖（两手合抱，拱手为礼）、鞠躬（弯身行礼）等礼节，直到辛亥革命胜利后，随着几千年封建君主制度的覆灭，才结束了这种跪拜礼。

仪容仪表

古人对仪表的要求，不免过于烦琐。其中最重要的，在今天来说仍具有十分重要的意义，主要有如下三个方面。

(1) 衣着容貌

《弟子规》要求："冠必正，纽必结，袜与履，俱紧切。"这些规范，对现代人来说，仍是必要的。帽正纽结，鞋袜紧切，是仪表类观的基本要求。如果一个人衣冠不整，鞋袜不正，往往会使人反感甚至恶心，有谁会亲近这样的人呢。

(2) 行为举止

孔子说："君子不重则不威，学则不固"（《论语·学而》）。这是因为，只有庄重才有威严。否则，即使学习了，也不能巩固。具体说来，要求做到"站如松，坐如钟，行如风，卧如弓"，就是站要正，坐要稳，行动利索，侧身而睡。在公众场合举止不可轻浮，不可猥亵，应该庄重、谨慎而又从容，做到"非礼勿视，非礼勿听，非礼勿言，非礼勿动”（《论语·颜渊》），处处合乎礼仪规范，举止有礼有度。古人的三叩九拜之礼过于迂腐，现已不用。现在还有的鞠躬礼、拱手礼和揖手礼则是表示敬意的一般性礼节。向长者、尊者行鞠躬礼；欠身或弯腰表示自谦之礼；用于距离较远的点头礼，举手礼，以及起立、鼓掌都是礼貌的表现。在举止礼仪方面，强调动作安详沉静、缓慢从容。举止合理有度，若过分亲密，则显得有些轻慢；若过于庄严，则不够温和可亲。

(3) 言语辞令

语言是人们思想、情操和文化修养的一面镜子。古人所谓“修辞立其诚，所以居业也”（《易·乾文》），即将诚恳的修饰言辞看成是立业的根基，有一定的道理。古人还讲究“言必信，行必果”（《论语·子路》）。巧言令色的人，是不可能取信于人的。其次是慎言。古人认为，上天生人，于舌头上下两排牙齿紧密围裹，又在外面包一层厚厚的嘴唇，就是要人们说话一定要谨慎。当然古人并不是要求人们少言语，而是说话要视具体情况，当说则说，当默则默。言谈还要求善赞人所长而不责人所短，这是一种分寸，也是一种教养。孔子说，“可与言而不与之言，失人；不可与言而与之言，失言。知者不失人，亦不失言”（《论语·卫灵公》），说的就是这个道理。

敬老尊贤

我国自原始社会到封建社会，人际的政治伦理关系均以氏族、家庭的血缘关系为纽带，故此在家庭里面遵从祖上，在社会上尊敬长辈。由于中国古代社会推崇礼治和仁政，敬贤已成为一种历史性的要求。孟子说："养老尊贤，俊杰在位，则有庆"（《孟子·告子下》）。"庆"就是赏赐。古代这种传统礼仪，对于形成温情脉脉的人际关系，以及有序和谐的伦理关系，不管过去和现在，都起着重要作用。

说到尊老，这是中国传统文化中的一大特色。古代的敬老，并不只停留在思想观念和说教上，也并不仅止于普通百姓的生活之中。从君主、士族到整个官绅阶层，都在身体力行，并且形成一套敬老的规矩和养老的礼制。《礼记》中记载："古之道，五十不为甸徒，颁禽隆诸长者。"（《礼记·祭义》）就是说，五十岁以上的老人不必亲往打猎，但在分配猎物时要得到优厚的一份。一些古籍对于同长者说话时的声量也作了明确的要求。如《养蒙便读》中说："侍于亲长，声容易肃，勿因琐事，大声呼叱。"《弟子规》又说："低不闻，却非宜。"总之，上至君王贵族，下达庶人百姓，都要遵循一定的规矩，用各种方式表达对老者、长者的孝敬之意，这也成为衡量一个人是否有修养的重要标志。

任何形态的社会，都需要尊敬老人。不仅因为老人阅历深，见闻广，经验多，劳动时间长，对社会贡献大，理应受到尊敬；同时，他们在体力和精神上较差，需要青年人的体贴、照顾和帮助。作为一个有礼貌的现代青年，对长者和老人，应该做到：路遇主动谦让；乘车主动让座；在商店、戏院等公共场所，应尽量考虑到为老人创造方便条件。关于敬贤，三国时候有个典故，叫“三顾茅庐”。说的是刘备仰慕诸葛亮的才能，要请他帮助自己打天下，便不厌其烦地亲自到诸葛亮居住的草房请他出山。一而再，再而三，诸葛亮才答应。从此，诸葛亮的雄才大略得以充分发挥，为刘备的事业“鞠躬尽瘁，死而后已”。

纵观中国古代历史，历来有作为的君主，大多非常重视尊贤用贤，视之为国家安危的决定因素。平时不敬贤，到了紧急关头，贤才就不会为国分忧。不是贤才不为国家着想，而是国家缓贤忘士，如此“而能经其国存者，未曾有也”（《墨子·亲士》）。

今天我们提倡发扬古代“敬贤之礼”，须赋予其现代新人才观的内容，就是要尊重知识，尊重人才。当今社会，各种竞争越来越激烈。种种竞争，归根结底是人才的竞争。大至国家民族，小到公司企业，要在激烈的竞争中保持优势地位，便必须拥有强大的人才队伍。只有从思想观念到具体行动上尊重、爱护人才，使全社会形成一个尊重知识、尊重人才的良好环境，形成足够强大的人才队伍，才能立于不败之地。

待人接物

在任何一个文明社会，任何一个文明民族，人们总是十分注重文明礼貌。因为礼貌是人类社会据以促进人际交往友好和谐的道德规范之一，是构建起与他人和睦相处的桥梁。它标志着一个社会的文明程度，反映着一个民族的精神面貌。中华民族历来就非常重视遵循礼规，礼貌待人。其中许多耐人寻味的经验之谈，无论过去还是现在，都给人以启迪。具体说来，主要有以下两点。

一是与人为善。这个“善”，应是出自内心的诚意，是诚于中形于外，而不是巧言令色和徒具形式的繁文缛节。《礼记》中说：“夫礼者，自卑而尊人。”（《礼记·曲礼上》）如果表面上恭敬热情，而内心虚伪，或仅仅内心尊敬，而毫无表情，都是不够的。应该表里一致，才能从根本上消除人与人之间的隔阂、摩擦，进而互敬互爱，友好相处。尊重他人，就要平等待人，不分贵贱等级，一视同仁。如果只对上层人士献其礼敬，以财势取人，以利益交人，其实是小人所为。《论语·子罕》记载，孔子看见穿丧服、戴礼帽的人和盲人，相见时，即使这些人很年轻，孔子必定站起来。行过别人面前时，一定快步走过，以示敬意。古人敬人的方法，也有值得借鉴的地方。首先要尊重他人的意愿，体谅别人的需要和禁忌，不能强人所难。不苛求别人做不能做的事，不强求别人接受不喜欢的东西。古人说：“不责人所不及，不强人所不能，不苦人所不好。”（《文中子·魏相》）“己所不欲，勿施于人（《论语·颜渊》）”，就是这个意思。

在与人交往中，幽默与善意的玩笑往往让人感到轻松愉快，但决不可戏弄取乐。如果拿别人姓名作为笑料，或给人起不雅的绰号，都是十分不敬的。南北朝时颜之推就曾对此种不敬气愤而言：“今世愚人，遂以相戏。或相指名为豚犊者，有识旁观，犹欲掩耳，况当之者乎。”

二是礼尚往来。就是说，接受别人的好意，必须报以同样的礼敬。这样，人际交往才能平等友好地在一种良性循环中持续下去。因此，《礼记》中说：“礼尚往来，往而不来，非礼也；来而不往，亦非礼也。”对于受恩者来说，应该滴水之恩，涌泉相报。在古人眼中，没有比忘恩负义更伤仁德。孔子在《礼记·表记》中说：“以德报德，则民有所劝；以怨报德，则刑戮之民也。”可见，以德报德，有恩必报，是待人接物的基本道德修养。当然，往来之礼，也该适度。送礼的本意，在于表达敬意答谢之意，所谓礼轻意重，并非越多越好。正如《庄子·山木》中所说：“君子之交淡若水，小人之交甘若醴；君子淡以亲，小人甘以绝。彼无故以合者，则无故以离。”一个人的仪表、仪态，是其修养、文明程度的表现。古人认为，举止庄重，进退有礼，执事谨敬，文质彬彬，不仅能够保持个人的尊严，还有助于进德修业。古代思想家曾经拿禽兽的皮毛与人的仪表仪态相比较。禽兽没有了皮毛，就不能为禽兽；人失去仪礼，也就不成为人了。

座次礼仪

中国自古就是一个讲究礼仪的国度，因此古代的座次礼仪也就显得非常繁缛，因地点的变换而不同。在中国古代，房屋建筑一般分为前堂和后室两部分。前堂也称明堂。面积较大，向南敞开，一般为会客行礼之所。后室面积较小。并且东西长，南北窄，做寝室则住人，为庙室则安神。前堂与后室之间有墙隔开，墙体西面开有窗，称为“牖”，东面开有门，称为“户”。在前堂内以户与牖之间的位置为最尊贵，靠东墙而面向西面的为次尊，再次为靠西墙而面向东面的位置，卑位则是坐南朝北的位置。古代经常所说的“南面称王”“南面之术”等，以南为尊，都是以前堂或明堂的位置而言的。《论语·雍也》中说：“雍也，可使南面”。即是说可以让冉雍去做官。

座次礼仪如果是处在后室的位置，就又有所不同了。在室内是以东向也即坐西朝东的位置为尊贵，其次是南向，再其次是北向，最次是西向。如人们所熟悉的《鸿门宴》中的一段：“项王项伯东向坐，亚父南向坐。亚父者，范增也。沛公北向坐。张良西向侍。”这里项羽的地位最为尊贵，所以东向坐。虽然刘邦是客人，可是在项羽的眼里，他的地位还不如身边的谋士范增，因此范增南向坐，刘邦北向坐。这也反映了项羽的妄自尊大。至于张良，地位为最卑，只能西向侍。

古代贵族或官员出行，常乘坐马车，车上的座次是以左为尊，有时为了迎接尊贵的客人。就让左边的位置空着，这就是所谓的“虚左以待”。比如，《史记·魏公子列传》中写身为战国四公子之一的信陵君亲自驾车迎接侯嬴，“虚左，自迎夷门侯生”。最终侯嬴被信陵君的诚意所感动，以窃符救赵的妙计，化解了信陵君的燃眉之急。

称谓里面有学问

在人际交往中有各种各样的称谓。中国人的称谓最为复杂且富有特色。无论亲疏长幼、辈分远近，各种称呼一应俱全。以亲属间的称谓为例，父亲一族的有祖父母、伯叔姑母、堂兄弟姐妹、侄儿侄女、孙儿孙女、侄儿媳妇等；母亲一族的有外祖父母、舅舅姨母、表兄弟姐妹、外孙外孙女、外甥外侄、外甥媳妇等。在家庭内部，又有岳父岳母、公公婆婆、女婿媳妇、连襟舅子、妯娌姑嫂等。在朋友之间，因地位、关系的不同，称谓也各具特色：贫贱而地位低下时结交的朋友叫“贫贱之交”；情谊契合、亲如兄弟的朋友叫“金兰之交”；同生死、共患难的朋友叫“刎颈之交”；在遇到磨难时结成的朋友叫“患难之交”；情投意合、友谊深厚的朋友叫“莫逆之交”；从小一块儿长大的异性好朋友叫“青梅竹马”；以平民身份相交往的朋友叫“布衣之交”；辈分不同、年龄相差较大的朋友叫“忘年交”等。在此基础上又有扩展开来的各种称谓，如对年龄、对职业、对百姓、对天地万物的各色称谓等，盘根错节，令人眼花缭乱。称谓的实际运用，蕴藏着很深的学问。一个称谓，既可以展现人的根基素养，也可以将彼此的关系拉得远近不同。以社交场合为例，称呼“爷爷奶奶”“叔叔伯伯”“姐姐妹妹”会让人觉得亲切，没有距离感；在官场，“父母官”“大人”“太爷”乃至“君父”等尊称都会将社会关系家庭化、温暖化，而且官味浓郁。按照古人的价值观，步入仕途是人生的无上荣耀，不但自己荣耀，而且光宗耀祖，显亲扬名。因此在官场中称呼他人的官衔是一种尊敬与恭维。即使对方是逝者，往往也照呼不误。如称韩愈为“韩吏部”、杜甫为“杜工部”、司马光为“司马温公”、王安石为“王文荆公”等。这些形形色色的称谓，透露出的是古人独有的家庭观与社会价值观。

古人的谦称

古人在说话时非常注意称谓，说自己时用谦恭之词，称对方时用尊敬之语。在说自己时，谦称因身份不同而千差万别，如有“鄙人”“在下”“小可”“不才”“愚兄”“不佞”“不敏”“晚生”“学生”“后学”“小子”等。单个字可以说“仆（自谦为对方的仆人）”，如“仆窃不逊，近自托于无能之辞”（司马迁《报任安书》）；可以说“愚”，也可以说“窃”，“愚以为”“窃以为”都是“我认为”的意思。大臣在皇帝面前说“微臣”“臣”，甚至说“奴才”，犯了罪的臣子口称“罪臣”。下级官吏在上司面前称自己为“下官”“卑职”。下级将领在统帅面前称自己为“末将”。帝王称呼自己为“寡人”“孤”（孤指单，寡指少。君主称“孤”道“寡”，是一种自我贬损。“孤家寡人”后来成为君王的专有称谓，其自谦的色彩逐渐消失）。丫鬟自称“奴婢”。百姓在官员面前称“小人”“草民”。古代女子的谦称也有很多，像“妾”“妾身”“贱妾”“奴家”。出家人称自己“贫僧”“贫道”“贫尼”等。这些都是古人对自己的谦称。

谦称不仅说自己，在向别人提及家人时也常用，如说自己的儿女为“犬子”“小犬”“不肖子”“贱息”“小女”“息女”等。说自己的妻子为“内人”“贱内”“拙荆”“山荆”“荆屋”“山妻”等。说自己的物品时，言房舍为“寒舍”“蓬荜（蓬门荜户的略语）”“舍下”。称自己的想法为“管见”“浅见”“拙见”。称自己的文章为“拙作”“无能之辞”“鄙贱之语”；而在发言、表演之前，“抛砖引玉”“献丑”之类的话也必不可少。诸如此类的谦称，现在多已被淘汰，只是在书面语或外交辞令中，还偶尔被借用，但已贬损不足，幽默有余，成为了语言的装点。

古人的尊称

“尊称”与“谦称”相对，指对他人表示尊敬的称谓。在古代，最普通的尊称是“君”，不论对方身份高低，都可称“君”，意为“您”或“先生”。下级对上级以及平级之间，常用尊称“公”（“公”原为爵位，即公、侯、伯、子、男五爵之一，后又成为朝廷重臣的官名），以此作为称呼，尊敬对方的意味明显，而在“公”前加姓，也是当时非常流行的称谓，如称李渊为唐公。“子”原也是五爵之一，后演变为尊称，如称孔子、孟子、老子、庄子、程子、朱子等。其他的尊称如，臣子称君王为“陛下”（陛，本指君主宫殿的台阶。群臣奏报时，不能直接禀奏君主，而是呼站在台阶下的近臣传达，后来“陛下”就成了君主的尊称），称太子为“殿下”。君王呼臣子为“爱卿”。称对方父母为“令堂”“令尊”。称对方子女为“令郎”“令爱”“令千金”。称别人的意见为“高论”“高见”。称别人的文章为“大作”。称兄为“兄台”。呼弟为“贤弟”。称婿为“贤婿”。称友人为“先生”、“足下”、“阁下”。称别人的妻子为“尊夫人”。称夫妻为“贤伉俪”。称别人的徒弟为“高徒”“高足”。称别人的家为“雅舍”“府上”。称名为“雅号”。称心胸为“雅量”。称和尚为“圣僧”“高僧”。尊师为“夫子”“师父”“先生”“先哲”等。

尊称在古文中很是常见，如张良代刘邦给项羽献礼时说：“沛公谨使臣良奉白璧一双，再拜献大王足下。”“足下”即是对项羽的尊称。与谦称的贬损意味不同，尊称多为表示美好、高贵、高尚的字眼。这些称谓有很多至今还在使用，成为我国语言文化遗产的一部分。

第四章

禁忌文化

古人出行禁忌

中国人很看重家，对出行一向很谨慎。“父母在，不远游”“游必思归”都体现了中国人对家的重视。所以，中国人在出行前有许多准备，在旅途中有诸多禁忌。

（1）行前准备

祭神。古时候，人们认为，人在旅途中的安全是由路神（亦称道神、行神）掌管着的。路神是谁，说法不一。有说是共工之子修的，也有说是黄帝之子嫘祖的。为了保证旅途平安，出行前便要祭祀路神，使之不作祟，使人能够化险为夷。“自天子至庶人，莫不咸用”，可见祭祀路神是非常普遍的一种行为。而祭祀时又有很多禁忌，比如，离家外出的人在祭祀路神时，忌戴孝之人参加，恐冒犯路神。除了祭路神，还要祭日月神。“在家不敬月，出门招风雨”，所以出门要祈求日月神的保佑。

择方向。“游必有方”讲的就是出门要择方向。古时出远门，先要占卜，看宜不宜去某个方向，如果卦上显示“东南，凶”，那么就不能往东南方去。实在要去，就只能改日。民间有谚语云“老不上北，少不下南”，“老不入川，少不游广”，“老勿走新疆，少勿走苏杭”，讲的都是出门要择方向。

择吉日。旧时出行要选黄道吉日，黄道吉日在黄历上有记载，例如某年某月某日“忌出行”，或“宜出行”。元旦（初一）是出行大忌。民间还素有“七不出门，八不归家”“三六九，往外走”的说法。民间有一种“杨公忌”是专门避忌出门的日子的。具体为：正月十三、二月十一、三月初九、四月初七、五月初五、六月初三、七月初一和二十九、八月二十七、九月二十五、十月二十三、十一月二十一、十二月十九。

此外，各地民俗不一样，禁忌的时间也不一样。山东一带忌初五、十五、二十五出门；河南虞城一带有“要出走，三六九；要回家，二五八”的说法。

避凶兆。出门前若遇上凶兆，则要避之。比如，出门前如果和人争吵是不吉利的，因为争吵，出外则心绪不宁，容易出事；如果吃饭时噎住了，暗示路塞；如果打碎了碗，或折断了筷子，那更是大忌，是不祥之兆，一般都会终止出行。

（2）途中禁忌

忌露财。俗语说，“出门不露白，露白会失财”。一定要“财不露白，货不离身”。但是在途中又要舍得花钱，忌吝啬。俗语说：“穷家富路”。路途遥远，舟车劳顿，不比寻常在家，“在家千日好，出门一时难”，如果舍不得花钱，损伤了身体就不划算了。

忌走夜路。走夜路一怕受鬼祟惊吓，二怕受强贼抢夺，总之不安全的因素太多。万一非走夜路不可，忌答应别人的呼叫，也不能回头看。民间传说这可能是鬼魅在试探，人名为人体的一部分，若答应了，灵魂便为鬼魅所逮，人将遭不测。

忌与女人同行。旧时由于男尊女卑思想的影响，妇女往往被视为不洁之物，看成是灾祸的象征，避女人成为避邪的一个重要原则。舟山群岛一带忌讳与女人同坐一条船，俗语说："妇女坐船船要翻，妇女下海海要荒"。尤其忌讳七男一女乘船出海，这类似"八仙过海"，怕惹恼了海龙王，会翻船的。行旅途中，男子绝对不可以从女子的胯下通过，即使是女子晾着的裤衩也不行。

忌遇丧事。若遇之，则将衣帽脱下，扑打几次，以为破解，俗谓"散晦气"。

饮食禁忌。吃饭时不能先喝汤，不要端着碗喝汤，要用匙，不要泼了汤，不要失落了筷子，不要打破了碗。"出门千里，不吃枸杞"，枸杞为补肾强壮药，这条禁忌谚语含蓄地告诫男子，出门在外要注意控制自己，忌拈花惹草、寻花问柳。

旧时的这些禁忌有的是迷信，有的则是因为当时的交通和通信不发达而形成的，有的是在今天也应该避忌的。

古人的避讳

“避讳”是中国封建社会特有的现象。约起于周，成于秦，兴盛于唐宋，到了清代更加完密。当时，人们对皇帝或尊长是不能直呼或直书其名的，否则一旦犯讳就有坐牢甚至丧命的危险。避讳常见的方法一般有三种：改字法，即遇到要避讳的字时使用其他别字代替；空字法，遇到要避讳的字时空缺不写；缺笔法，当遇到要避讳的字时，在该字上少写一笔。这样一来，中国历史上就出现了不少人名、地名或事物的称谓改头换面的奇特现象。避讳的对象通常有四类：帝王、长官、圣贤、长辈。

避帝王讳时，对当代及本朝历代皇帝之名都要规避。如秦始皇时，为避“嬴政”之名，阴历一月不叫“政月”而改音“正月”；吕后当权时，臣子们遇到“雉”时要改称野鸡。光武帝刘秀时，秀才被称为茂才；乾隆时，为避讳顺治帝福临之名，下诏门联中不许有五福临门的字样。

避长官讳，即下属要讳长官本人及其父祖的名讳。据陆游《老学庵笔记》中记载，宋代田登做州官，自讳其名，州中皆谓“灯”为

“火”。上元节放灯，州吏贴出榜文云：“本州依例放火三日。”民谚“只许州官放火，不许百姓点灯”即来源于此。

避圣贤讳，是表达对至圣先师孔子和亚圣孟子的尊崇。有的朝代也避中华民族的始祖黄帝、周公、老子之名等。避长辈，即避父母和祖父母之名。唐代诗人李贺之父名晋，“晋”与“进”同音，李贺竟因此一生不能举进士。《红楼梦》中林黛玉之母叫贾敏，故林黛玉凡是遇到“敏”字都读成“米”或“密”。南朝宋范晔的父亲名泰，故范晔作《后汉书》时改称郭泰为郭太，郑泰为郑太。又如苏轼的祖父名序，苏洵即改文章中的“序”为“引”，苏轼为人作序时又写作“题首”。六朝时甚重礼学，甚至有闻讳而哭的习俗。朋友之间晤谈，若冒犯对方家讳，闻之者即依礼而哭。《世说新语·任诞》中记载：东晋桓玄初任洗马时，有客祝贺，客嫌酒冷，乃频呼温酒来，而玄父名温，玄因客犯其家讳，当席而哭，客扫兴而去。除了名姓之讳，后来连皇帝的属相都要避讳，这一来出了许多让人啼笑皆非的笑话。如宋徽宗因为属狗，天下之狗便走了运，有旨禁止天下杀狗。元仁宗属鸡，于是降旨禁止在大都市内提到鸡。买鸡卖鸡，都要抱鸡而行，不得倒提。明武宗姓朱，属猪，于是禁止民间养猪。此令一出，全国的猪几乎绝种。清代慈禧太后属羊，于是朝中有令，不能说“养羊”“杀羊”一类的话。慈禧太后吃羊肉时，称羊肉为“福肉”“寿肉”，令人捧腹不已。

古代服饰禁忌

中国古代，等级制度森严，受这种等级制度“礼”的影响，古代服饰文化作为社会物质和精神的外化，构成“礼”的重要组成部分。为巩固自身地位，统治阶级把服饰的装饰功能提高到突出地位，服装除能蔽体之外，还被当作分贵贱，别等级的工具，是阶级社会的形象代言人。

服装就如同一种符号，古代社会中服装有严格的区分，不同的服饰代表着一个人属于不同的社会阶层，这就是“礼”的表现。《礼记》中对衣着等级作了明文规定：“天子龙衮，诸侯如黼，大夫黼，士玄衣裳，天子之冕，朱绿藻，十有二旒，诸侯九，上大夫七、下大夫五，士三，以此人为责也。”《周礼》中记载：“享先王则衮冕，表明祭礼，大礼时，帝王百官皆穿礼服。”春秋战国时期的诸子百家对服装的“礼”性功能亦有精辟见解。如儒家提倡“宪章文武”约之以礼，这种观点的提出与其封建等级制度的捍卫者的形象密不可分。

这种“礼”的功能还表现在服装的色彩上，如孔子曾宣称“恶紫之夺朱也”（《论语·阳货》）因为朱是正色，紫是间色，他要人为地给正色和间色定位，别尊卑，以巩固等级制度。历史上“白衣”“苍头”“皂隶”“绯紫”“黄袍”“乌纱帽”“红顶子”等都是在一定时期内，某种颜色附丽于某种服饰而获得了代表某种地位和身份的例子。每个朝代几乎都有过对服饰颜色的相关规定。

例如：《中国历代服饰》记载，秦汉巾帻色，“庶民为黑，车夫为红，丧服为白，轿夫为黄，厨人为绿，官奴、农人为青”。“唐以官服色视阶官之品”“举子麻之通刺，称乡贡”，唐贞观四年和上元元年曾两次下诏颁布服饰颜色和佩戴的规定。在清朝，官服除以蟒数区分官位以外，对于黄色亦有禁例。如皇太子用杏黄色，皇子用金黄色，而下属各王等官职不经赏赐是绝不能穿着黄色衣服的。

第五章

姓氏文化

姓氏的来历

“姓氏”是一个重要的文化传承符号。姓，起源于部落（或部落首领）的名字。在夏商周时期，姓与氏一分而为二，姓是族号，氏为姓的分支。周代时，姓氏制度和宗法制度密切相关，贵族有姓氏，一般平民没有姓氏。贵族中女子称姓，男子称氏。这是因为氏是用来“明贵贱”的，姓是用来“别婚姻”的（当时同姓不婚，贵族女子以姓表示与大家的区别）。秦汉以后，姓氏混而为一。现代国人的姓，大部分是从几千年前代代相传下来的。考其来历，大致有十二种类别：

一是以姓为氏。姓最初是氏族公社时期氏族部落的标志符号，后人有的便直接承袭为氏。在承袭的姓中，不少都有“女”旁，如姬、姜、姒、姚等，这表示先民曾经历过母权社会。

二是以国名为氏。如我们所熟悉的春秋战国时期的诸侯国齐、鲁、宋、越、秦、楚、卫、韩、赵、魏、燕等，都成了今天的常见姓。

三是以邑为氏。邑即采邑，是统治者或诸侯国国君分赐同姓或异姓卿大夫的封地。其后人中有的便继之为氏。如周武王时，封司寇岔生采邑于苏，岔生的后代便姓苏。

四是以乡、亭之名为氏。今日常见的姓有裴、陆、阎、欧阳等。

五是以居住地为姓。这类姓氏中复姓较多，一般都带邱、门、乡、闾、野、官等字，表示不同的居住环境。

六是以先人的字或名为姓。如叔孙得臣，其为鲁公子牙之后，牙字叔，故名。

七是以次第排列。一家一族，按兄弟顺序排行取姓，如老大称伯或孟，老二称仲，老三称叔，老四称季等。后世代相沿，表示在宗族中的顺序。

八是以官职为姓。如司马、司空、司寇、籍、谏、库、军等。

九是以技艺为姓。如巫、卜、陶、匠、屠等。

十是为古少数民族融合到汉族中带来的姓。如慕容、呼延、贺兰等。

十一是以谥号为姓。如庄辛为楚庄王之后。谥号“庄”就成了姓。

十二是因赐姓、避讳而改成的姓。

在世界上，姓氏也是一个重要的文化传承符号，但没有一个国家的姓氏传承能够像中国这样完整而有内涵。如日本，在明治维新前只有很少的姓，明治天皇为了改革，要求国民都要有姓，于是在很短的时间里，出现了八万余个姓，没有什么渊源与意义。在美国，虽然有固定的姓氏，但历史只有两百余年，构不成文化的传承。至今，美国学者对本国人的考证仍主要从肤色、毛发颜色和眼球颜色来判定。在目前中国的姓氏中，李、王、张、刘、陈为大姓，其人口之和近4亿。李、王、张三大姓人口分别占汉族人口的7.9%、7.4%和7.1%。按照姓氏进化的普遍规律，大姓人数将会越来越多，小姓人数将越来越少，直至走向消亡。

按字辈起名

标示辈分，就是按家族世系牒谱规定的辈分起名。排行字辈的起名习俗直接受宗法制思想的影响，其要点就是维持宗法制的嫡长子继承制（正妻所生长子有合法继承权）。一般家族，特别是名门大族，为了使“人不忘本”“知统系来处”，都要撰修家谱。人的名字要明确标示出他在家族世系中所属的辈分字。如同族兄弟采用同一字或同一汉字偏旁，同族不同辈分用不同的字表示。这种方法，称排行或排字辈。排行字辈的起名习俗在中国历史上影响大、范围广。虽然今人因时代生活变化不兴修家谱，但这种方法至今仍继续沿用，用字辈的方法起名，最常见的是字义的不同。

用于排辈分的字大都由吉祥庆颂的字眼儿组合成文来表达某种意思，如常用的有紫气东来、龙凤呈祥、五世其昌；光耀门庭、诗礼传家、忠厚继世等；或是顺口韵文，本身就是一首诗。排行字辈最完整、最有代表性的就是奉为圣人的孔子家族。如 1774 年乾隆皇帝确认的孔子后裔的 30 个字辈：

希、言、公、彦、承、弘、闻、贞、尚、衍、兴、毓、传、继、广、昭、宪、庆、繁、祥、令、德、维、垂、佑、钦、绍、念、显、扬。

希字是孔子家族的第56代。1920年，第76代衍圣公孔令贻又在这30个字后续了20个字，并经北洋军阀政府内务部批准咨行各省县遵照执行：

建、道、敦、安、定、懋、修、肇、益、常、裕、文、焕、景、瑞、永、锡、世、绪、昌。

根据以上排列辈次，如果我们看到孔子的后裔的姓名中间的字，就可推算出其辈分。

辈次取名传入皇室，最严格的恐怕要数明、清两朝了。明代朱元璋规定，朱姓子孙必须由礼部起名。未得礼部命名者，则不能享受皇族待遇，凡皇族有人生子都报礼部请求取名。清朝王室自康熙开始，按字辈命名，不仅规定了必用字，而且规定了第二字的偏旁，如雍正这一辈皇子，第一字皆用“胤”字，第二字皆用“示”旁，如胤祖、胤祺、胤祯等。雍正皇帝是第四子，正名胤禛。如乾隆年间，皇六子永熔绘了“岁朝图”进呈孝圣后，乾隆就在上面题了一首诗，有“永绵奕载奉慈娱”句，以后乾隆就在弘以下，选字“永、绵、奕、载”四字，作为取名辈字，道光又在“载”之后亲选“溥、毓、恒、启”四字。咸丰皇帝又在“启”字辈下选定“焘、屹、增、祺”四字。因此清朝皇室从雍正辈起，取名用字的顺序是：胤、弘、永、绵、奕、载、溥、毓、恒、启、焘、屹、增、祺。到了末代皇帝溥仪的“溥”字辈，清王朝就被推翻了，以后取名是否使用这些辈字，就不得而知了。

以字辈起名，名字结构上有像孔子家族那样同辈第一字不变的，也有取后一字的，即一代字在前，一代字在后。如某家族万、民两代：

万字辈，万明、万全、万方等；民字辈，维民、海民、兴民等。还有的一代双名，一代单名，单名以偏旁相连，循环反复，延续下去。

字辈起名是一种历史悠久的民俗现象，上自皇室家族，下至黎民百姓，甚至和尚、道士都很喜用。它所固定的取名用字，具有相当稳定的因素，可以世世代代秩序井然地延续下去，而不同于有些方法变化无常。特别是它的传承性，可帮助人们推行世系序列，对于那些侨居海外的侨胞及台湾、香港、澳门同胞寻根认祖，分清乡亲邻里、长幼辈次等有重要作用。但是，它又具有因袭性、保守性，把人的名字局限在一个框定的范围内，某种程度上不利于个性的发展。例如，它含有浓重的封建家族观念，不利于人际往来和团结。

排行起名

自古以来，我国民间就有“多子多福”“儿孙满堂真幸福”的俗话。我国社会多子女现象极为普遍，再加上近亲兄弟姐妹也多，为了表示家族的兴旺，总是要在名字上把他们联系在一起。这样，在起名时，表示排行兄弟姐妹的方法就很有讲究。

富有排行意义的名字，如溯其源，则春秋时代的以伯、仲、叔、季命字，已清楚表示排行的次序，不过只标明自己的行序，没有和兄弟们明确的联系。这种排行的方法，自周秦而汉唐，直到现代，还被普遍运用。汉人在孟、伯、仲、叔、季之外，还加长、元、次、幼等许多排行的形容字，在起名时大量使用。伯是老大，仲第二，叔第三，季最幼。欲表示在兄弟姐妹中居长，则用“孟”字。

以三国时夏侯渊的五个儿子为例，可以看出伯、仲、叔、季等排行起名的方法。夏侯渊长子名和，字伯权；次子名霸，字仲权；三子名称，字叔权；四子名威，字季权；小子名惠，字稚权。五个儿子的字，便是以排行起出来的。另外，也有在名中使用的，如古代孔僖的两个儿子，分别叫孔长彦和孔季彦。

按排行起名使用一、二、三、四等数目字嵌入人名中以说明其人的排行，这种用法多出于贫寒之家。常见于文化层次较低的人名或人际关系较亲的称谓中，如《水浒传》中阮小二、阮小五、阮小七皆渔户出身；武侠大刀王五也出身贫寒。历代农民起义的人群中，以一、二、三命名的人举不胜举，如元朝的蔡五、布王三；明朝的刘六、刘七、方四、王二；清朝的赤脚张三、于七、吴八十、苏四十三等。现代著名作家姚雪垠因是“冠”字辈，排行第三，故原名姚冠三。现代著名农民诗人王建禄，因排行第九，故人称为“老九”，并以王老九名世。

值得注意的是，以一、二、三等数字命名的女性却不一定出于贫寒。在古代，女子的社会地位不高，生女往往随意命名。如《水浒传》中的扈三娘乃是千金大户；清朝王伦起义中的马三娘也非贫俚之人，其中还有张三娘、李四娘、吴二娘、郑大娘、沈十一娘、陈六娘等不少以数字命名的女性。由此可见，旧时妇女用数字起名是一个普遍现象。当然，这里也有个别不是以排行起名的。

表示排行的还可以借汉字的大写壹、贰、叁、肆、伍、陆、柒、捌、玖、拾等。如赵壹、陈克陆。“冠”、“亚”字为体育常用术语，表示名次的第一、第二，用在名字上也可以表示排行或其他含义，如“亚女”为家庭的第二个女孩。今天在许多独生子女家庭喜欢给孩子起“冠南”，表示家庭所生第一个男孩。

另外，还多见兄弟沿用一字取名，即他们的名字各有一字相同。此方法亦始于春秋战国时代。如《左传》中记载有长狄兄弟四人名为侨如、樊如、荣如、简如。元末农民起义首领之一张士诚与其弟张士德、张士信。近现代，兄弟二名有一字相同的情况也很多。

寄名起名

为了保证自己孩子的健康长寿、幸福美满，孩子的父母、家人在取名实践中还千方百计寻求新的途径、方法，甚至把思路扩展到了宗教信仰领域，让和尚或道士给孩子取名。让和尚或道士等给孩子取名，民间叫“寄名”，是指孩子出生满月以后，父母将婴孩送到寺庙道观，请和尚或道士取一个法名或道名，从此在礼仪、象征的基础上将孩子托付给佛门、道观，从而缔结一种宗教和世俗的亲属关系。人们之所以将孩子寄名神佛，不外是认为佛门、道观都是超凡绝尘的神圣所在，把孩子托付给他们，自然要受到菩萨、神灵的保佑，妖魔邪祟、祸患灾疾不易侵凌。

在我国，寄名的习俗曾经是普遍存在的。古典小说《金瓶梅》《红楼梦》都曾写到寄名的习俗。《红楼梦》第二十二回写道："过了一日，有宝玉寄名的干娘马道婆到府里来……"此外，第二十九回、第六十四回也都写到了巧姐儿和宝玉的寄名。《金瓶梅》里的西门庆是将儿子寄名到玉皇庙的吴道官那里的。近、现代的生活中，我们也可以举出寄名的例子。鲁迅先生小时候就寄名到了寺院，得法名"长庚"。此外还有一件百家衣，还有一条叫"牛绳"的东西，上面挂些零星的小东西，如历书、镜子、银筛之类，说是可以避邪的。

胡朴安的《中华全国风俗志》也记载了南方、北方的寄名习俗。比如记载南方吴县有小儿寄名神佛之俗。此风全境皆然，盖富贵家之小孩，娇生惯养，大半身体柔弱疾病。其家乃至庙烧香，用红布制一袋，置小儿于其中，俗名过寄，悬佛橱上。自是以后，每旧历年终，寺僧备饭菜，送小儿家中，名曰年夜饭，其家人必给僧以钱。凡送三年始毕。当过寄时，僧为小儿取名，譬如神佛姓金，即取名金生、金寿等类。

寄名有一定的仪式，大都焚香祷告，在寄名时出家人要给孩子一些东西，比如僧衣、道衣，等等。最突出的是寄名符和寄名锁（索）。《金瓶梅》里的吴道官除给西门庆的儿子许多东西外，还给了一副银项圈，上写"金玉满堂，长命富贵"，还有一道朱书黄绫符，上写"太乙司命，桃延合康"，银项圈和黄绫符就是寄名锁和寄名符了。

孩子寄名以后，有的要打扮成和尚或道士，以示出家。不过，并不是寄名神佛、仙道以后永不还俗，永远保持这种关系。因为始作俑者醉翁之意不在酒，他们无意让孩子遁入空门而为僧为道，只不过想借神佛仙道的保佑躲避一时的灾厄。在他们认为孩子已经度过灵与肉的灾厄期，能够独立抵御外来侵害的时候，这种关系便终止了。终止关系的仪式叫“还俗”“拔袋”，也就是把寄名时交给寺庙的寄名袋取回来，回到世俗的生活中来。

在北京顺义县，过去的这种礼仪叫“跳板凳”，也就是在孩子长大的时候，选择吉日，备礼到庙上进贡，庙主找碴儿责罚小孩，小孩便乘机跳过板凳，回家留发。在天津，礼仪行为是12岁跳墙还俗，还颇烦琐：“跳墙事前，必须择一吉日，买簸箕一只，毛帚一把，预备老铜钱八枚。及期，为父母者带领小儿，又向神像前焚香祷祝，使小儿持簸箕及毛帚，拂拭香案，洒扫地下。事毕，即令理发匠为小儿留发，随后使小儿立于板凳之上，左右手各持老钱四枚。旁观之人喊声‘老和尚’，小儿便将手中所持钱向后撒去，跳下板凳，并不回头，直跑至家中。此即所谓跳墙还俗也。”

按属相起名

中国人是非常讲究属相之说的，利用十二属相给孩子命名也是中国文化的一种。按照孩子的属相，因时制宜地给他们起个好名字，不失为一个起名的好方法。

众所周知，鼠在人们心目中并不是一个非常好的属相，但它的机智、灵活、聪明给人留下了深刻的印象。属“鼠”的人最好选择带有草、米、禾偏旁或单人旁的字才好，因为按传统说法，这些字可以很好地保护它。例如：云程、嘉谷、家稷、保仓、茵云、佳宇、促盈、伏泽、宗英、谷容、慰荣、健茜、围莲。

牛被认为是一种诚实、朴素、自尊、积极、任劳任怨的动物。牛需要人们的衷心爱护和喜欢照料，并且牛离不开水。所以属牛的人，名字最好是有以竖心旁和三点水为部首的字。如：恒清、怀济、润慷、海情、涓慨、愉涛、慢洁、浔忱、怡澜、潜惟、抒沛等。

虎被认为是强壮的、勇猛的、独立自主的象征，但美中不足的是带有一种傲气。人们都知道“一山不容二虎”或是“深山出猛虎”这些话。所以属虎的人名字最好带有“山”字。如：岚岭、嵩凌、岩峰、巍然、岸清、崎辉、峙轩、嶂仪、天峦等名字都不错。

兔在人们心目中是柔顺、善良、聪明、活泼的象征。给属相为兔的孩子命名最好名中要有“月”字。如：钦育、育英、育华、鹏飞、鹏展、知鹏、朝辉、朝霞、明辉、辰朝、昭明、欣明、朋泰、泽朋、愉嫒、愉美、月清、月祺、胜鉴、胜彩等。

龙被认为是所有动物中最尊贵、最有能量的动物，它代表着财富和权威。所以，带有三点水的字是最受欢迎的。如：深、澜、江、池、潮、萍、沛、潜、鸿、汉等。

蛇喜欢在草丛里活动，所以属蛇的孩子最好起带草字头的名字。如：蔼霖、芬迪、芸生、叶萱、燕敏、茂伟、芫倩、荣俊、葆华、慕伦等。

马被认为是一种心胸开阔、友好相处、勇于拼搏、前途远大的动物。马喜欢吃草和谷物，所以可以用带草字头和“禾”的字给孩子命名。如：英、艺、芸、穗、颖、秋、茂、荣、穆等。

羊以和平、耐心、善良、温顺为世人称道，草是羊的命根子，天下似乎还没有不吃禾苗的羊。所以命名时以下这些字是比较好的。如：科、秦、莲、英、芝、芹等。

猴年出生的人看起来似乎活泼好动，富有创造力，并且其中有不少喜欢侃侃而谈。猴子喜欢在树上跳来跳去，寻找食物，所以给属猴子的孩子应该以“木”字旁的字命名。如：福林、稳权、望棣、朴平、松涛、枫玲、桦珍、极岩、海棠、振荣、柄昆等。

属鸡给人以热心、好客、生活规律的好印象。鸡喜欢吃米或豆子，所以命名时它们也必不可少。如：登、精、粹、鼓、迷等。

狗是一种忠诚的动物，它与人关系很好，所以属狗的人起名时，最好用带“亻”字旁的字。如：华、仁、伦、俊、仿、伟、伯、任、仕、健等。

猪在人们的印象中是柔顺、踏实、真诚、执着的，虽然有时也许会有点儿自私。猪年出生的人起名最好跟草字头或“土”打交道，所以这些字很适合。如：埔茵、垦殷、增盛、佳兰、培文、鸿基、桂春等。

以梦兆起名

在中国文化史上有很多梦的典故，如孔子梦周公、燕颉梦兰、庄周梦蝶、江淹梦中得彩笔、李白梦笔生花，等等。过去，由于人们不了解人脑结构及做梦的道理，常常将梦神化，总认为梦是一种预兆，于是便产生一种信仰。孩子降生，父母如得吉梦，便可预知孩子必为人中俊杰。所以，孩子诞生之前如获梦兆，尤其是吉梦，常以梦给孩子命名。

因梦而命名，在秦时就产生了，随后以梦兆起名之风盛行。据记载，李白临降生时，李母于梦中与太白金星相遇，因此取名为“白”，字“太白”。岳母梦大鹏止于其屋而生岳飞，故命名曰“飞”，字“鹏举”。陆母梦秦少游而生陆游，故命名曰“游”，字“务观”。

以梦兆起名，并非古人专利，现代人亦然，著名作曲家冼星海也是因其母于孕期梦中一情景而起名。他的母亲在怀孕的时候，做过一个梦，梦中她抱着一个孩子坐在船头，正仰望夜空，忽然看见一颗流星飞落到海里，于是她们母子俩就朝着星落的地方划过去，把星星从海里捞起来。醒来后，她将梦中所见告诉了丈夫，丈夫说："等孩子生下之后，就叫'星海'吧。"于是，伟大的音乐家冼星海的名字便由此而生。

丑名、偷名、撞名

民间有些地方则以丑为名。如山西人起名，特别是在农村，许多人爱用反义词。当父亲的总希望孩子长得俊俏，但起名偏要带上一个"丑"字，如大丑、二丑、小丑、丑蛋、丑女；看孩子长得活泼可爱，却起名赖狗、二赖、小赖、憨憨、小傻、傻蛋；越喜欢孩子，有时起名反而越难听，如扁头、和尚、秃子、臭蛋等。南方不少地方也有起丑名的习俗，如给孩子起名果狸七、尿桶八、二狗子，等等。

这样起名多出于当地的习俗。随着社会、文化的发展进步，愚昧落后状况的改变，人们心理习惯的变化，这种以"丑"字为名的现象会逐渐消失。

偷名是江南命名习俗的一种形式。旧时人家追求多子多福，谁家人丁兴旺，邻里亲戚定然仰慕不已，景仰之余，不免亦作多口之思，那么怎样才能赶上别人的“人口密度”呢？偷名是为其法之一。

孩子立名之初，请人到人丁兴旺之家偷来一副筷子和饭碗，并给孩子取名“碗儿”或“筷儿”，偷名者便大功告成。凯旋时，孩子的母亲要怀抱小儿，站在门口接客。偷名者一见孩子，即张口叫曰“碗儿”或曰“筷儿”，孩子的母亲则要代不会说话的孩子答曰“哎！哎”！人们认为偷名之后，孩子便可无疾无灾了。不过，此法可苦了那些被偷的多口之家，偷的人多了，碗筷就不够用了。

撞名的仪式，就是请撞见者给起个名字。孩子生下来后先不急于取名，而是找阴阳先生择一黄道吉日，等日子一到，便举家出动，提上果品食物，在大路边上点上香烛，点燃纸钱，而后静立路边等待行人。当第一个路人走过来时，大家捧着食品，一拥而上，请路人享之以食，并求其给孩子当干父母。过路人不得推辞，必须承认自己是干父或干母，并给孩子赐以自己的姓为姓，还要另取一个名字。

据说有些撞名者常和阴阳先生串通一气，以便享受不要钱的食品，做一做不用担抚养责任的干父干母。至于姓名则随便取一个，见花是花，见草是草，见了驴就叫驴儿。对付无赖，撞名者又发明了一个“惹不起躲得起”的办法，那就是自己取名。其法类似于此，即“以三炷香烛祷于路上，烧纸钱、抛饭食，以饱过往之恶鬼”。然后自己给儿女起名曰“路养”“路娣”“路得”，等等。

以“撞名”方式起名的目的，也是为了祈求儿女平安度日，健康长大，不致遭受飞来横祸，徒添伤悲罢了。

其他起名方法

在传统起名方法中，除了以上方法外，还有盼子法、抱子法、性变法、继拜法，等等。

盼子法。父母在连连产下女婴，盼子心切时，会在为女儿取名时用上根（跟）弟、玲（领）弟、招弟、盼弟等有趣名字。

抱子法。夫妇膝下无子，从外地或外姓抱养一个孩子。此类孩子的名字中，常有一个“来”字，如来宝、来娇、来根、来发。

性变法。夫妇接连生儿，或接连生女，于是将其中某个男孩取女孩名，当作女儿养育；或将某个女儿取个男孩名，当作男孩看待。这在民间常常见到，前者取名如新妹、宝姬、秋月，后者取名如亚男、家骏、家雄等。

继拜法。有些为人父母者，认为自己的孩子命薄，非有两姓以上的人共养，才能成人。于是将孩子过继给异姓夫妇，再拜请他们另取新名。这类孩子的名字往往为某姓的养子之意，如：何养、周留根、张清（请）苗、郑抱贤（婴）等。

少数民族的命名仪式和汉族的不同。受文化开发早晚的影响，他们的仪式往往还停留在“名字拜物教”观念的影响中，命名仪式带有很原始的宗教色彩。另外，有些仪式不仅出现在史书上，即便是在现代社会，仍然风行不衰。

聚居在云南省景洪县基诺山的基诺族人除了本名外，孩提时代还有“定魂名”。其命名仪式颇有韵味：孩子出生 9 天后，父母要杀一对红色的鸡，宴请亲朋及乡村长老。然后在孩子的帽子上结一个红绒结，以求吉祥如意，再由主持“阿桑姆”（即定魂）仪式的巫师取名。如巫师叫“不拉跑”，就以“不拉”作为孩子定魂名的开头读音。如不拉昨、不拉辛、不拉者等。不过，定魂名仅限于男孩使用，而且不继续传下去，只是作为得到社会承认的象征性名字。

纳西族人主要居住在丽江地区和永宁地区。丽江地区的纳西人在孩子满月时举行家宴，并在此时集思广益，为婴儿取名。而永宁地区的纳西族摩梭人对命名比前者看重得多。他们在婴儿降生当天或第二天，就要请达巴或喇嘛为孩子举行隆重的命名仪式。先将鸡肉、猪肉、饭团等供于灶神前祭祖先，然后进行占卜，根据母亲的年龄、属相以及孩子出生的年、月、日、时，推算出属于八卦上的哪个方位，就把与孩子方位一致的神佛名字挂上一两个字，作为孩子的名字，以祈求神佛保佑。

哈尼族人起乳名仪式最为独特有趣。生下婴儿后，婆婆要在庭院里烧起一堆大火，将胎衣烧毁。烧过后的胎衣应盛入小竹筒中保存起来。与此同时，另有一位老者在屋内抱起婴儿，口祷祝福词，并用食指在婴儿的脑门上轻轻点一下，同时说出自己心中想到的婴儿的乳名。而且，乳名向外人宣布也有仪式，是在孩子生后的第三天早上举行。在此之前，婴儿的父亲要做一系列的命名准备工作，需要做许多拳头大小的糯米饭团，粘了舂烂了的老乳豆和一小条鸡翅膀肉在篾桌上堆成塔形。如果小孩是男孩，还要请一位男童，提一竹筒糯米，穿一身劳动服，扛一把小锄头；如果是女孩，则请一女童提一筒糯米饭，背一副蓑衣背架，持一把砍刀。一切准备就绪后，婴儿的父亲向大家宣布小孩的乳名。若小孩叫“库伊莫”，是男性，这时穿劳动服的男童就得到主人院子外面锄地，表示婴儿长大后能耕田种地；若孩子是叫“楚角”的女孩，背蓑衣背架的女孩则要在婴儿母女面前将手中的砍刀晃三下，表示女儿长大后会砍柴做饭。生活在云南哀牢山和无量山地区的百万哈尼族同胞，就是这样为下一代取乳名的。

少数民族中也有奉行简单易行而又风趣别致的命名仪式的。生活在我国中西南部的瑶族人就是一个代表。孩子出生当天，其父出门为子寻名，遇到的第一件物事就是小孩的名字，据说这样做主要是用于区别同姓名。

如一位姓盘的瑶胞生了第三个女儿，一般取名盘三妹。为了区别其他的盘三妹，他得出门去找名，若一出门便看到一只燕子，孩子便叫燕子三妹。如遇到有人赶羊上山，就叫羊三妹。

什么是地望

地望也叫郡望，这是古人用来表明自己是出身于名门望族的一种文化习俗。

秦汉以后，有的家族由于世居某地而人才辈出，有的家族由于战功显赫而世代高官，这些都可能在当地形成巨大的影响。而这些家族在当地所具有的政治、经济或文化方面的巨大威望，就会使自身成为当地人仰望的对象。当地人常以有此望族而感到骄傲，后人也常常会借用古代同姓者的这个地望来为自己增光，这在中国历史上并不少见。

北宋的祖无择是上蔡人，但他在题碑时却自署范阳人，借用的就是晋代名人祖约和祖逖的地望。

韩愈是河内河阳人，但也自称祖籍昌黎，这是因为昌黎的韩氏在唐代是望族，所以韩愈就常以“昌黎韩愈”自称，世人亦称之为韩昌黎。其实昌黎的韩氏和韩愈的家族之间未必就存有某种亲族关系。

这种注重地望的行为，表明中华民族的一种文化现象和传统心理：喜欢和古代的显贵拉关系。有人说这是一种寻根意识，历史上不少名人都曾怀着浓厚的兴趣考证过自己的地望。如杜甫就一再在诗文中矜夸自己的家史和地望之不凡。他宣称杜姓是陶唐氏尧帝的后代，而自己更是西晋名将杜预的后代，杜预是自己的十三世祖。因此，他在诗中常称自己是“杜陵布衣”“杜陵野老”等，因为杜预是关中杜陵人；但他有时又自称“襄阳杜甫”，这又是因为杜预死于襄阳，他的一部分后人长期居于襄阳，逐渐成为襄阳杜氏。其实，杜甫和杜陵、襄阳也许没有关系，他出生在河南巩县。

不管是不是这么回事，人们总喜欢把自己和历史上曾产生过影响的人物联系起来，希望能和名人的血缘挂上钩，希望自己的地望能叫得响，希望能让别人明白自己的出身和来历是非同一般的。于是就有了太原王、汝南周、天水赵、颍川陈和陇西李、南阳张等以地名相标榜的姓氏，从而使姓氏和地域产生了某种固定的联系。而姓氏一旦和地域联系起来之后，就有了高低贵贱之分，就有了所谓“国姓”“郡姓”“州姓”和“县姓”的等级差异。中古时代的南北朝至隋唐时期，当时的北方就有所谓的四大望族：范阳卢氏、清河崔氏、荥阳郑氏和太原王氏。这是当时四个一等大姓。

地望是一个人社会地位高低的标志，也是政府选拔人才任用官员的一个依据。魏晋南北朝时的九品中正制，所谓“上品无寒门，下品无世族”的现象，正是这种以地望来决定一个人的社会地位和仕宦前途的具体反映。在唐朝，地望在官员的任用上更有举足轻重的作用。据对《新唐书》宰相世系表的统计，有唐一代的宰相大多出自望族。在担任宰相的望族中，博陵崔氏有十二人，清河崔氏有五人，荥阳郑氏有九人，范阳卢氏有八人，太原王氏有七人，琅琊王氏有四人。韩愈之所以要借用昌黎韩氏的地望，目的恐怕也就在这里了。

地望在当时甚至还成了婚嫁的依据。普通百姓讲个门当户对，豪门世家则非望族不娶，非望族不嫁。那时结亲只重门第而不问其他。

《魏书·崔辩传》中记载了一个一目失明的姑娘婚配的故事。崔辩是博陵望族，他的孙女虽聪慧而有才行，却因为一目失明，门户相当的望族中竟无一人愿意联姻。家里人正商议准备下嫁寒门时，她的姑姑便大为悲恸，说什么也不愿让侄女掉了身价，就让自己的儿子娶了她。这在当时也成了一段佳话。

从中国的历史看，那些豪门望族长期占据着显要的社会地位，他们在社会上的势力，甚至连皇族也难以与之抗衡。譬如南朝的王、谢二姓，北朝的崔、卢、李、郑等。其中尤其是王姓，据说自东晋以来，以太原与琅琊为祖籍的两大流派，曾先后形成过二十一个望族，遍及了全国各地。

标榜地望，自称某地某氏的习俗在我国已经成了一种文化传统，至今仍见有人在署名时习惯地把籍贯冠于姓名之前。即如填表时涉及个人履历的籍贯一项，其实也是这种文化传统的体现。

第六章 丧葬文化

丧葬习俗的产生

丧葬习俗的产生源于灵魂不灭的观念。远古时期，人类处于蒙昧状态，并不懂得人死后要建造坟墓来安葬。那时的人们还没有鬼魂观念，对死者遗体的处理与对待野兽尸骨一样，并没有特别尊重。他们将尸骨弃于原野，有时可能还会分而食之。由于当时的生活条件相当恶劣，为求生存，人们可能较多地采取分吃尸体的方法。当人类意识到自身作为一个活物而存在的时候，必定也会同时意识到自身存在会有终止的一天，人们开始产生要处理遗体的意识。

梦，使人们相信人死后的另一种生命形式的存在。他们认为做梦和人死的原理是一样的，都是灵魂离开肉体出走了，而灵魂是不会死的，只不过进入了另一个世界而已，而这是一个与现实世界相对应的世界。人们常在梦中梦见死去的亲人，见到他们的亲切笑容，仍和自己生活在一起。他们自然地认为死者虽然肉体死了，但灵魂仍然活着，和以前没有任何区别。灵魂不灭的观念认为，即使人死了，但灵魂仍在，仍能干预人事，对于后代既可以降福，也可以施祸，关键要看对死者的态度和安葬的方式。如果死者满意，生者也就可以相安无事，反之就会给生者带来灾祸。因为关心灵魂，想使灵魂得到安逸，于是人们对死亡看得很重，在行动上就表现出重丧重葬。

灵魂不灭的观念，促使了丧葬习俗的产生、形成、发展，反过来丧葬习俗又使灵魂不灭的观念得到进一步发展。人们特别敬畏将死的老人，害怕遭到他们灵魂的报复，因此他们尤其重视老人的送葬、落葬、祭祀，希望借此求得保佑。活着的人时时感到死者的灵魂事事处处在控制着自己，他们强烈要求能摆脱这种掣肘。因此，送魂、招魂等丧葬仪式就产生了。

我国古时丧葬的风俗烦琐而讲究。在这里我们可以一一道来。通常，人之将死称作“属纩”（《礼记·丧大记》）。属，放置的意思；纩，指新絮，且新絮很轻。据说古人会把新絮放在临终人的口鼻上，试看是否断气。“属纩”的习俗因地而异，但是“属纩”却成了临终的代称之一。

人初死后，生人要上屋面向北方为死者招魂，称为“复”，意即召唤死者的灵魂回复到身体。复而不醒，再办理丧事。人死后，一般要沐浴。这个风俗一直持续到后世。《晋书·王祥传》中记载王祥将死戒其子曰：“气绝但洗手足，不须沐浴。”可见通常人死后是要沐浴的。

人死后要入“敛”（殓）。敛分小敛、大敛。小敛，是给尸体裹上衣衾，身份越贵，衣衾越多。大敛则是把尸体装进棺材，敛时死人口中须含饭。入殓后，还要停丧待葬，称为“殡”。《论语·乡党》中云：“朋友死，无所归，曰：‘于我殡。’”意思是说：朋友死了，无人送葬，孔子说：“丧事由我来办吧。”《左传·僖公三十二年》则载：“冬，晋文公卒。庚辰，将殡于曲沃。”这是说把晋文公的灵柩送到曲沃停丧。据《春秋》《左传》记载，次年四月，晋文公才正式下葬。出葬时，贵族还有很多规矩。如送葬时执绋着白衣。绋，为拉柩车的绳子。执绋的原意为亲友们协助拉车。后来出殡时，在送殡队伍的两旁拉两根带子，即是执绋的遗制。挽柩的人还要唱挽歌，例如古乐府相和曲中的《薤露》《蒿里》都是挽歌。后世的挽联就是从挽歌演变来的。

下葬也有很多讲究，从中又可见贵族和庶民的明显差异。在殷商时代，奴隶主有人殉的制度。后来因人力可贵，以“俑”来代替。分木俑与土俑。虽然活人不再殉葬,但孔子还是反对用俑的。《孟子·梁惠王上》曰：“仲尼曰：‘始作俑者，其无后乎!’”因为俑还属人形。

到了战国时期，统治者的殉葬品又包括了生前使用的车马。其他的随葬品各式各样，青铜制的饮食器、兵器、乐器，用玉制、骨制的装饰品以及专为随葬而作的“明器”（伴葬的器物）等。越是贵族，随葬品就越多越精美。

汉代时，日常生活中的东西被仿制成陶土模型随葬，明器的象征性越发明显了。

下葬离不开棺木，这里的贵庶之别也显而易见：贵族统治阶级的墓里大多有椁（椁），椁是外棺（起保护棺材的作用），椁之隆重有的竟有三四重之多。《论语·先进》中云，孔子的儿子孔鲤死后，“有棺而无椁”，可见椁不是一般人能用的。对于更多平民来说，下葬十分简朴，往往选择“槁葬”（草草安葬），如果遇着饥荒的年景，饿死以填沟壑也属平常。

丧礼中的等级观念

中国社会长期是一个宗法型社会，如何区分并定格社会等级、家族的长幼秩序是整个社会的核心问题，因为它直接关系到财富地位的继承和权力的分配。人间高度重视此事，阴间自然也是如此。这就要求子女晚辈要善事和尊崇死去的父母祖先，要“事死如事生”。这一宗法伦理观念是造成中国社会普遍隆丧厚葬的主要原因。在传统的丧葬仪式中，全部环节和所有禁忌规约都在向人们展示和强调家族的宗法关系。这种宗法关系的强调是双重的，整齐严明的宗法秩序不仅为生者社会所遵循，也同样规范着“死者社会”。在整个丧葬过程中，明尊卑、序人伦的主题倾向显现在方方面面。同为“死”，由于宗法等级不同，自君而民，言“死”用词各异，严禁僭越。相应的棺椁、墓丘等要件也随之相别。中国死亡文化在丧葬过程中严格上下、尊卑、大小的安排，表示对死者的尊重，但实际上逝者是无法看见和体验的。其意义在于生者，实际作用是面对已成神灵的死者，人们再一次明确男女长幼、尊卑亲疏的不同。

中国古代的丧葬活动基本上是在宗族范围内进行的，殡葬礼仪是以家族为基本单位办理的，丧礼的规定也因人们之间血缘关系的远近而各有不同。比如，同家族中有人去世，同家族、姻亲若知道而又不去吊丧，会被认为是极大的无礼，要受到族内的指责，丧家往往会因此与之绝交。而周代丧礼中的“五服”以及居丧时间的长短，也是根据亲疏关系的远近制定的。这一切都是在显示他们之间的血缘亲疏关系，这是一次促进宗族内部的团络，团聚家族与亲朋好友的社会活动。

什么是“五服”

“五服”指的是五种丧服。在中国古代社会，以丧服来表示亲属之间的尊卑及血缘关系的远近。进入封建社会，由于父系家族为主导，社会以父宗为重。其亲属范围指本宗九族，即自高祖至玄孙的九个世代：父亲、祖父、曾祖父、高祖父、自己、子、孙、曾孙、玄孙。上述亲属的旁亲，都是有服亲，称内亲。与之对应的母亲一系叫外亲，服制只有一世，即外祖父母、舅父、姨母、舅表和姨表兄弟，其他人无服亲。有服亲属，死为服丧。亲者服重，疏者服轻，依次递减。《礼记·丧服小记》所说的“上杀、下杀、旁杀”即此意。

丧服按服丧期限及丧服粗细的不同，分为五种，即所谓五服：一是斩衰（音崔，指丧服）三年，用极粗生麻布为丧服，不缝衣旁及石边，斩断处外露，以示不修边幅。由于成衣像斧斩一样，故名斩衰。与粗麻衣相应，腰带、冠缨也以粗麻制成，配以草鞋、苴杖（俗称“哭丧棒”，用没有修整的粗竹做成）。斩衰服丧是五服中最重的一种，按礼制，用于臣、子、妻、妾为君、父、夫服丧。二是齐衰，用次等粗生麻布，缝衣旁及下边。按服丧期限长短，又分为齐衰三年、齐衰杖期（一年）、齐衰不杖期（不执杖，一年）、齐衰五月和齐衰三月等。三是大功（“功”同“工”，做工义，大功即做工粗）九月，用粗熟麻布为丧服。四是小功（做工精细）五月，用稍粗的熟麻布为丧服，主要是为“兄弟”之亲所服。五是缌麻三月，用稍细的熟麻布为丧服。缌麻是五服中最轻的一种，表示边缘亲属。如曾叔伯父母、族叔伯父母、外祖父母、岳父母、舅父、外孙、外甥等，都服缌麻。

五服之外，同五世祖的亲属为袒免亲，袒，指露左臂；免，用布从项中向前交于额上，再后绕于髻。为袒免亲服丧，因时代不同制式也屡有变迁。宋时，以白阑缟巾为袒免亲丧服。明清时，奔丧着素服，以尺布缠头。

到六世时，亲属便是无服亲了。对此，《礼记·大传》中记载：“四世而缌，服之穷也。五世袒免，杀同姓也。六世亲属竭矣。”五服制度有三个显著的特点，即男尊女卑、血缘明确、有嫡庶之别。五服制在汉代后，成为正统礼仪。

报丧仪式

报丧可以说是人死后的第一种仪式了。报丧仪式早在周代的时候就已经形成。它用发信号的方式把有人逝世的消息告诉亲友和村人，即使已经知道消息的亲友家，也要照例过去报丧。

在民间，不同的地方，不同的民族，报丧的方法是不一样的。在广西一带，响三次火炮就表示报丧，这叫作“报丧炮”，然后派人告诉给亲友。在东北一带，是用在门外悬挂纸条的方式来报丧的。纸条数是以死者年龄的不同来确定的，一岁一条，另外加上两条，表示天和地。并且他们根据死者性别的不同来决定悬挂纸条的位置，死者是男性则悬挂在门的左面，死者是女性则悬挂在门的右面。人们一看到门口的纸条就知道这家死了人，死者的寿数，是男是女。广东一带的报丧习俗是，报丧的人必须来去急速，不进人家的大门，只能在门外高声地喊叫，报过丧之后，讨一口水漱口来驱除不祥，然后就马上回去。在江浙一带，报丧习俗是用伞来暗示的。报丧的人带着一把伞，把伞头朝上柄朝下放在门外，来表示凶信。在外地的亲人如果收到一封“焦头信”（信封的一角被烧焦），就可以知道这是报丧信。

而中国少数民族的报丧习俗更是别具特色。比如，云南一带的怒族用吹“竹号”来报丧。竹号的数目根据死者的年龄、身份不同而有所不同。未婚的青年只吹一个，有儿有女的吹两个，头人吹三个，巫师吹四个。在中甸、维西一带，不少民族用吹牛角来报丧，也有一些地区的少数民族吹海螺。景颇族、拉祜族、黎族、滇南瑶族等少数民族用放枪来报丧，如果死者是女性的话则敲锣。在景颇族中放枪的数目还有严格的规定，死者是男性的话放偶数，死者是女性的话鸣奇数。有关学者认为前两种可能是属于早期的报丧形式，而后两种则是属于后期的现象。在贵州省、北盘江流域一带的少数民族的报丧更具有特色。他们的报丧仪式是丧家请来邻寨的青年，两人一组，手里拄着拐棍，到所有的亲友家去报丧。当人们见到这样的人进寨，就知道是报丧的人了。

在汉族的观念里，报丧不仅是一种形式上的礼仪，更是一种和亲属家人一起分担悲痛的做法。

招魂仪式

招魂有三种情况，一是死者刚死时的招魂；二是送葬时的招魂；三是为客死他乡的人招魂。

人刚死举行的招魂仪式称作“复”。在灵魂不灭的思想的指导下，刚死的人往往被认为精气还在，只要招呼他，让精气回来，死人仍能复生。家属拿着死者的衣服，站在山麓或屋顶上呼喊死者的名字，叫他的灵魂归来。有的招魂者还历数不能去其他地方的理由，劝亲人的灵魂归来。但如果复而不醒，人真的是死了，就可办理丧事。所以这种招魂仪式是在报丧仪式之前的。

送葬时的招魂由幡旗引路。幡旗迎风飘飘，取其缠绵的意思，魂魄就能够循着这飘扬的幡旗归来。大幡通常有三四丈高，它们的颜色和形状各不相同。有的幡的上面有荷叶宝盖，中间是红寸蟒的大宽飘带，镶着绒腰，幡有一丈长。另外有从宝盖挂下的两个窄条，由幡杆高高地挑起，幡竿插在红漆架子的中央。

还有一种形式，幡的本身是亡人的牌位，称为“官衔幡”。据说，招魂后死者的灵魂就依附于这块灵牌之上。幡的下座两边有穿杠的绳套。以便于出丧的时候由杠夫抬着，走在最前面导行。大幡一般立在二门的外面。死的如果是男人，立在门的左边；如果是女人，就立在门的右边。现在的幡则要简单得多，用白布或纸扎成，用两米左右的幡竿举起，下葬后，将幡插在坟上。

坟墓是死者的归属所在，也是亡魂的家，招魂便是要将亡魂招归于家，勿使其在外游荡，祸害生人。

客死他乡的魂魄，找不到归途，被视为孤魂野鬼，不能享受香火的奉祀、食物的供养和经文的超度。这个孤魂就会永远轮回于异地，没有投胎转生的希望。除非他的家人替他“招魂”，他才能够归宗。沿海一带的渔民的招魂也属于这种情况。渔民不幸葬身大海之后，因为往往无法找寻回尸体，他的家属就用稻草人代尸，穿上死者生前的衣服，在家里摆设起“灵堂”。同时，在村外的海边，要请道士为死者招魂。招魂要在夜间的潮水初涨时进行，死者的亲人到海边去叫喊，把失落在海里的“阴魂”喊回来，招进稻草人中，再进行安葬。这种招魂仪式，叫作“潮魂”。亲属要先在海边搭起一个小小的“醮台”，然后到了傍晚，就在帐篷里点起香烛，中间放着稻草人，身上贴着死者的生辰八字。等到晚上涨潮的时候，道士坐在“醮台”上，敲响钟磬铙钹，嘴里念着咒语。这时候，“醮台”前后就燃起一堆堆的篝火，有人手拿一杆带根的毛竹，顶梢上挂着箩筐，里面装一只雄鸡，面对大海，随着道士的咒语，不停地摇晃着毛竹。也有的由死者家属披麻戴孝，提着有字的灯笼，高声呼叫死者的名字：“某某来呀!某某来呀!”声音非常凄凉。然后，由一个孩子或者亲属答应道：“来喽!来喽!”一呼一应，直到潮水涨平，才由道士引魂回家。到了第二天，亲属才把稻草人放进棺材，送到山上去安葬。

招魂在少数民族的丧葬仪式中也普遍存在。贵州的苗族送丧时会在棺材上放置大公鸡（模型），名曰“招魂鸡”。送丧的同时也将亡魂招入墓中、阴间。海南黎族，出殡时亲属要手持乐器，到了墓地，围绕墓穴歌舞一番。云南拉祜族在出殡前要请比目师（巫师）为死者叫魂引路，叫魂时将白纸剪成人形标杆，粘着香蜡，在死者身旁举行祷告，然后由亲属用木料扎成担架，将尸体仰放其上，抬出埋葬。傣族，家家都准备着叫魂的“魂箩”，招魂的时候，就把死者生前的衣服装在竹箩里，放上白米和白线，表示要把灵魂提回来。

吊唁仪式

唁是指亲友接到讣告后来吊丧，并慰问死者家属。死者家属要哭尸于室，对前来吊唁的人跪拜答谢并迎送如礼。一般吊唁者都会携带赠送死者的衣被，并在上面用别针挂上用毛笔书写的“某某致”字样的纸条。

在吊唁仪式之前，死者的家人需要布置灵棚。灵前安放一张桌子，悬挂白桌衣，桌上摆着供品、香炉、蜡台和长明灯等。在没有收殓之前，这盏长明灯不管白天晚上都要有人看守，不能让它熄灭。据说，这盏灯就是死者的灵魂。尸体和灵柩都忌讳停放在光天化日之下。据说，怕受所谓的“日晶月华”，更怕冲犯上天过往的神灵。因此，只要是举行简单的祭奠仪式，就必须要搭灵棚。

搭灵棚规模的大小，主要看丧居院落的格局。如果只搭一屋院子的棚，叫作“平棚起尖子”，也叫“一殿”，就像古典殿堂一样，上边起一条脊。如果丧居有两层院子，就可以搭一座大棚，将这两个院子都罩上，灵堂院子的棚顶高些，前院棚顶略低，使两个顶子浑然一体，后高前低，叫作“一殿一卷”，即后院高顶为“殿”，前院低顶为“卷”。所谓“殿”，就是殿堂的意思；所谓“卷”，即棚顶全是活席，可以卷起来的意思。这种棚历来都用数层席箔里外包严，不见杉槁，不但美观，且不漏水。从外观上看，宏伟壮丽，犹如宫殿，使人望之，哀戚之情就油然而生。

除了主棚外，还必须有许多用途不等、名称不同、规模大小不一的棚。由于在这期间，吊唁的亲友多，而且时间都比较集中，上祭恐怕发生拥挤，甚至排不上号。所以在其他院落就要搭一座或数座祭棚，凡远亲、朋友来吊唁的，就被知宾引到这种棚里上祭。还有的棚用来摆官座，是来宾休息、喝茶、用饭的地方。

灵棚搭建好后，就要举行开吊仪式。丧家要在大门口设置一口“报丧鼓”。吊唁的人一进门就击鼓二下（现在是放一挂比较短小的鞭炮），亲属听见鼓声（鞭炮声）就号哭迎接。来吊唁的人向死者跪拜，孝子披麻戴孝跪在灵案边陪祭。来吊唁者跪拜完后扶起孝子，再由旁边的人引导去上礼簿。

出丧择日仪式

尸体收敛之后就要把灵柩送到埋葬的地方下葬，叫作出丧，又叫“出殡”，俗称为“送葬”，停尸祭祀活动后就可以出丧安葬。许多民族都会慎重选择出丧日期。古时择日要占卜，卜时族长和宗人都要在场，说“哀子某某，打算将未来的某某日作为葬期，现在卜问，如果这天葬其父亲，其父入土后，不会有什么不妥而造成悔恨吗”？占卜后将具体的日子通告各位宾客。如果这天不吉利，还要再卜一次。现在的出丧择日仪式则要简单些，有时只需翻翻皇历或问问阴阳先生即可。然而此仪式所涉及的内容、牵扯的面极广，稍一不慎，便可能犯忌，所以必须慎重。

少数民族在殡葬择日的信仰方面与汉族有相通的地方。东北地区的朝鲜族、赫哲族、达斡尔族、满族均选择单日出殡，而不能在双日出殡。据说，双日出殡意味着要死两个人。云南一带的景颇族认为选择出丧日期以十二属相中会进洞的动物之属相最为吉利，例如龙蛇鼠三天都是好日子，其余日子忌出殡。贵州一带的侗族最忌“冲日”出丧。台江县巫脚乡苗族出丧最忌“犯双日”。

还有一些民族和地区不但择日，还择时。彝族人家中有人去世，一般在家停尸很短，多是上午死，下午葬；下午死，明晨葬，但忌讳正午出殡。人们认为正午出殡会招致灾异，不吉。云南一带的苗族（黑苗）一般在早上出丧。而花苗和白苗则在午后和黄昏出殡。贵州一带的苗族（白苗）是在天刚亮出殡。东北黑龙江一带的赫哲族多在晌午出殡。广东等地瑶族出殡时间多在中午或午后，以为这种时刻最吉利。

下葬仪式

下葬又叫出殡，是死者停留在世间的最后时刻，死者的家人一般都非常重视。在下葬之前还有一件重要的事，那就是看风水选墓地。汉族主要是实行土葬。墓地是死者的最终归宿，所以墓地的选择是埋葬死者的头等大事。墓地要选在地势宽广，山清水秀的地方，找出生气凝结的吉穴，从而可以使死者安息地下，庇佑子孙。

墓地选好后，便是挖穴，俗称“打穴”。在打穴之前还要祭祀开山，孝子要烧香点烛行开山礼。有的地方要请地仙，还要画太岁，开山的时候要避开太岁的方向，不然就是“太岁头上动土”，丧家就会遭受到祸害。开山的时候要在做墓穴的地方前后打个木桩，然后让孝子在打木桩的范围内用锄头挖三下。接着八仙就过来做穴，做好之后再把太岁的画像烧掉。这种墓穴，是把灵柩推进去的。在墓穴的底部铺垫着两根竹子或者剥了皮的光滑润泽的小杉树。放的时候，把灵柩的上首搁在上面，再用撬棍往里面推，推进去之后再抽掉垫底，最后铲一些草皮把洞口砌严封好。有的地方则没有这么复杂，挖墓穴无须孝子上山，一切请人代劳。棺材由抬棺材的（俗称“金刚”）人用绳索吊下去。

按照旧时的规矩，下葬的时间也是有讲究的，必须在太阳落山时灵柩正好落土。落土的时候“八仙”拽着棕绳把棺木徐徐放下，四平八稳之后，亲属们必须抓起泥土扔到灵柩上，这叫作“添土”。灵柩下去之后，先要盖一层薄土，再把墓穴里扫出来的土撒在上面，之后要放上一只碗，叫作“衣饭碗”。这样做是为了以后迁坟的时候动作轻些，免得惊动亡灵，招来不幸。

民间的习俗认为，人死后的灵魂随时可能从坟墓里跑出来，跟着活人回家。所以下葬的人必须绕墓转三圈，在回家的路上也严禁回头探视。否则看见死者灵魂在阴间的踪迹，对双方都是不利的。

埋葬之后人们必须要洗手，有的还要用酒来洗。这样是表示今后再也不死人，用来驱除晦气。接着丧家要谢吹鼓手和客人。之后还要举行辞灵仪式，祭拜死者的灵位。在有的地方辞灵之后，只要是亲属就要在一起吃饭，这叫作“抢遗饭”。在江浙一带有喝“长寿汤”、吃“长寿豆”的习俗。意思是七十岁以上的老人去世之后，在出丧的那天丧家要准备一大桶肉骨头汤，即“长寿汤”；一大盆煮得烂烂的黄灿灿的大豆，即“长寿豆”。送丧的人回来都要喝一小碗长寿汤，随意吃一些长寿豆，意思是“添福添寿”。有的地方还把又香又糯的长寿豆分给邻里左右的小孩吃，说法是“吃了长寿豆，日后长又寿”。

这些民间传统的风俗习惯都反映了生者对于死者的寄意和对生命兴旺的美好愿望。

在湖南，出殡一般安排在辰时（早上 7 点至 9 点）。出殡时，先将棺木移出门外，俗称“转棺”。然后亲人在棺木旁陪死者吃最后一顿饭。吃完饭后便起棺上山，抬棺材的俗称“金刚”，一般是 16 个人，排场大点的也有用 24 人或 36 人的。孝子（长子）手端灵牌，拖根孝棍（俗称“哭丧棒”）走在前面；现在则增加一个孝子端着死者的相片跟在灵牌前，或干脆以相片代替灵牌。

路上，死者生前的一些好友和相熟的人会在灵柩经过自家门前时燃放鞭炮，以示哀悼，主家递上一条白毛巾、一包烟表示感谢。棺材后面是哭哭啼啼的孝女、孝媳们，接着是长长的举着花圈的送葬队伍。

灵柩上山后，只留下孝子看着父亲入土，其他的亲人都须回去。墓穴里铺了一层厚厚的木炭，棺木放下去，周围要用土夯实，夯的时候忌用锄头等金属工具，只能用木棒或竹棍。夯实后，填上土，堆好坟堆。孝子磕几个响头，便也下山。整个丧葬过程也就基本结束了。

三年之丧

服丧是为死者守丧的礼仪。指丧事办完后，亲属还要在一定时间内在衣食起居等日常生活方面遵守一些特殊的礼节，以示哀悼。服丧时，最重要的是服制，即守丧期间的服饰以及期限。根据与死者关系的亲疏远近，规定有“五服”，对于期限，古代礼制因死者对象不同而有相应的服丧期限，这些期限往往不十分确定，处在变动之中。其中，以“三年之丧”为最长。三年守孝有着特殊且重要的地位，其渊源可追溯至上古，《尚书》中记载:“帝（尧）乃殂落，百姓如丧考妣，三载，四海遏密八音。”“(殷高宗) 乃或亮阴，三年不言。”《礼记·三年问》载“三年之丧”为“子生三年，然后免于父母之怀”，为服丧三年释义。《孟子·万章》甚至记载了这种礼仪的顶真延续：“尧崩，三年之丧毕，舜避尧之子于南河之南。……舜崩，三年之丧毕，禹避舜之子于阳城。……禹崩，三年之丧毕，益避禹之子于箕山之阴。”此后历朝历代，凡涉及守丧仪制几乎无不提“三年之丧”。

丁忧与守制

守制就是居丧服孝，即孝子居丧期间在衣食住行方面必严格遵守的一种制度。这种制度要求守制者的日常生活一切简，要像苦行僧一样过苦日子，不能享乐，并以种种压抑人性的极端方式来体现所谓的孝道。所以居丧也叫“丁忧”或“丁艰”。丁父忧又叫丁外艰，丁母忧又叫丁内艰。以下从衣食住行四个方面来看看孝子守制时的日常生活是如何一切从简的。

衣。亲人初死，服孝者就应除去华丽的服饰换以素淡的衣服。大殓次日就要换上正式的丧服，“五服之人，各服其服”。服期内一般还不能洗澡，不能剃头，不能更换衣服等。

食。饮食必须严格节制。父母初终的三日内，孝子不能饮水也不得进食，必须空腹尽哀，大殓之后方可少量食粥。居丧期间只能吃缺盐寡味的粥饭，禁食瓜果菜蔬，更不要说酒肉了。《礼记·檀弓》中说曾子执亲丧“水浆不入于口者七日”；《梁书·昭明太子传》中说萧统丧母，“至殡水浆不入口，每哭辄恸绝”，丧事未完人已消瘦得不行了。这些都是为后人所称颂的事例。当然也有因贪口福而受谴责甚至惩处的例子。《晋书·何曾传》中说阮籍居丧期间饮酒食肉，被指责为“败俗之人”；《日知录》中说唐人陆慎余与其兄在守制期间穿着华丽的衣服，上街游玩并饮酒食肉，结果各被打了四十板子逐出京城，陆慎余还遭到流放。

住。住处必须简陋，不得奢华，未葬之前，应在中门外先搭个茅棚作为起居处，谓之倚庐。“寝苫枕块”，睡草席枕砖头泥块，身穿孝服守于庐中，深居简出不与人来往，睡觉也要和衣而卧。下葬之后，则于墓旁搭棚而居，谓之墓庐。而且，居庐守制期间不得与妻妾同房。《后汉书·陈蕃传》中说一个叫赵宣的儒生，为博取孝名竟在墓道中居丧守了二十多年，于是以孝得到了推荐。不料太守陈蕃前去访察时，竟访出他在墓道中与妻子生养了五个孩子，结果被下狱治罪。唐朝的法律也规定，居父母丧而生子者处一年徒刑（《唐律疏议》）。

行。居丧期间停止一切娱乐活动，严禁娶妇嫁女，访亲会友也要受到限制，更不允许接受推举或参加科举去做官。汉律规定，“不为亲行三年服不得选举”；隋唐时有父母之丧的也是绝对不能去应举的，其他尚可酌情而定；北宋时竟严到缌麻之丧也不得参加科举了，一个叫时稹的人“冒缌而举”，竟“为同辈所讼”，结果真宗居然命御史台去劾问查究。

什么是“夺情”

做官的如果碰到亲丧，一般就应立即辞去官职回家守制。但若情况特殊则可有所变通，这就是守制中的“夺情”现象。

夺情如夺服，就是终止守制，指官员不能回家去服孝却要留在朝廷里办公。在正常情况下，官员遇到父母之丧是必须去职回家守制的，但遇到特殊情况如军事需要或政务需要的时候，该守制的官员就必须在岗而不能回家守制，甚至在家守制的官员也会被召回强令出仕，这就叫夺情，后者也叫起复。因为从封建主义的伦理来说，君臣之义是大于父子之情的。这正如孙权所说的：“孝父母是礼，忠君国是义，国家有事则杀礼以从，以义断思，尽节为先，先公后私。”

夺情起复的现象是屡见于史籍的，只是各朝的规定并不完全相同。唐朝的官员常因国事的需要而奉命夺情起复。丞相张九龄丁母忧，结果被诏令夺哀起复；欧阳询的儿子欧阳通也是丁忧起复的。据说欧阳通被夺情起复后，每次入朝都是光脚走到朝廷的门外才穿鞋，并且很少说话，“非公事不言”，回家之后又“必衣衰绖，号恸无常”。宋朝的夺情官员则多在官衔前冠以“起复”二字，如宋初宰相赵普丁忧起复后就自称“起复左仆射中书门下平章事臣赵普”，以示有孝在身。元明时期一般不允许夺情起复，主张官员应该为父母守制。到了清初，则八旗官员若遭父母之丧，百日后即可起复授职。

由于丁忧守制的官员是没有俸禄的，而且守制期满后很难起复为原职，所以常有贪图禄位而不报忧守制的人。后唐明宗时的孟异就是一个典型的例子。

他在母亲去世后不报忧奔丧，事发后被大理寺判为充军，皇帝却认为这是忤逆不孝的十恶大罪，结果被赐自尽。也有不愿离职而自谋夺情的。如明朝万历年间的首辅张居正，在接到父亲的讣告时，正忙于一些改革和变法的工作，他不愿就此功亏一篑，因而迟迟不去奔丧。年幼的万历皇帝虽派官慰问，却又并不想留他。于是他就通过太后让皇帝诏令夺情，而他本人却在表面上一再上书要求回家守制。虽说反对派和他展开了一场混战，但最终还是他自谋的“夺情”成功了。

第七章 节气时令文化

历史悠久的农历

“农历”是中国的一种历法，又名夏历、旧历、阴历。因为相传是从夏朝流传而来，故有“夏历”一说。由于当时传统历法在农村使用较普遍，于是改名为“农历”。事实上，夏历最早源于何时已无从考证，根据甲骨文和一些典籍的记载，一般认为其出自殷商时期。

农历以（月亮）朔望周期来定月，有阴历的成分；设闰月以均衡一年的周期，另外设置二十四节气反映季节的变化特征，这又有阳历的原则，因此其属于一种阴阳历。农历把日月合朔（太阳和月亮的黄经相等）的日期作为月首，即初一。朔望月平均约长 29.53059 日，所以有的月份是 30 日，称“月大”；有的月份是 29 日，称“月小”。农历以 12 个月为一年，共 354 或 355 日，与回归年相差 11 日左右，所以每隔三年要安排一个闰月，隔两年再安排一个闰月，平均 19 年中有 7 个闰月。月份的名称依“中气”而定：含“雨水”的月份称为正月，含“春分”的月份叫二月，含“谷雨”的月份为三月，含“小满”的月份为四月，含“夏至”的月份为五月，含“大暑”的月份为六月，含“处暑”的月份为七月，含“秋分”的月份为八月，含“霜降”的月份为九月，含“小雪”的月份为十月，含“冬至”的月份为十一月，含“大雪”的月份为十二月。不含“中气”的月份即为闰月，以上个月的月份称“闰某月”，如上个月是八月，就称“闰八月”。“农历”虽然有“农”字，但是作为历法指导农时的效果并不见佳；而且农历月的大小很不规则，有时连续两三个甚至四个大月或连续两三个小月，历年的长短也不一样，而且差距很大。辛亥革命以后，中国采用了西方通行的格里高利历（即公历），两种历法并行。至今，在我国及朝鲜半岛、越南等国家仍以农历来推算日期，如传统节日春节、中秋节、端午节等。

天干地支

天干地支合称“干支”，是中国古代用来表示年、月、日、时的次序。天干共有十个符号：甲、乙、丙、丁、戊、己、庚、辛、壬、癸。地支共有十二个符号：子、丑、寅、卯、辰、巳、午、未、申、酉、戌、亥。在我国殷墟出土的文物中，有甲骨上刻着完整的六十甲子，说明我国至少在商朝时就已开始使用干支纪日了。

用干支纪月，其方法为：遇甲或己的年份，正月是丙寅；遇乙或庚之年，正月为戊寅；遇丙或辛之年，正月为庚寅；丁或壬之年，正月为壬寅；戊或癸之年正月为甲寅。依照正月对应的干支，其余月份即可推出。相比常用的干支纪年，干支纪月法一直未普遍实行，多是星相家推算八字用。干支纪年是我国传统的纪年方法。具体来讲，就是将十天干和十二地支按顺序两两相配，天干的单数配地支的单数，天干的双数配地支的双数，如此，每六十年就是一个周期（第一年为“甲子”，第二年为“乙丑”，第三年则为“丙寅”，以此类推），民间称之为“六十年转甲子”。例如，1865 年为农历乙丑年，那么六十年后的 1925 年同为农历乙丑年，周而复始。后来，由于此法纪年重复太多，到了汉武帝时便开始用皇帝年号纪年了。干支纪时法在我国古代一直使用，从未间断。古人还用十二地支与十二种动物相配，成为“十二生肖年”。如凡是含有“丑”的干支年就是“牛年”，这一年出生的人属“牛”；凡是含“子”的干支年，就是“鼠年”，这一年里出生的人都属“鼠”。以此类推。

干支是我国特有的时间记录系统，尽管在古代是人人皆知的常识，但究其起源，却仍然是一个谜。

黄道吉日

黄道吉日，即迷信的人认为可以办事的吉利日子。迷信说法，指青龙、明堂、金匮、天德、玉堂、司命六辰是吉神，六辰值日之时，诸事皆宜，不避凶忌。泛指可以办事的吉利日子。

还有一个关于婚嫁黄道吉日的民间传说颇为有趣，唐宣宗年间，有个书生名叫吉日，即将结婚，对自己的好友黄道说了这件事，并告诉他结婚的日子。黄道说这一天刚好皇帝派兵马挑美女，你还是择日再娶吧。吉日不听相劝，照样在这一天办喜事。新娘还未上轿，皇帝的兵马见她美貌无比，把新娘子抢走，把吉日打昏在地。

几年后，吉日考中了状元，一天，宣宗皇帝又要派兵马到民间选美女，吉日知道后，到金銮殿上阻拦，宣宗大怒，叫武士把吉日推到午门斩首，人们为了纪念吉日保护百姓的功绩，就把他埋在黄道墓旁。从那以后，百姓办婚事，都到黄道和吉日墓前举行。后来，由于不便，结婚的人们不再到黄道、吉日的墓前举行婚礼了，就将结婚的日子择为黄道吉日，以示对黄道和吉日的纪念。这就是婚礼黄道吉日的由来。后推而广之到其他领域。

十二生肖

“十二生肖”指代表十二地支且用来记人的出生之年的十二种动物，即鼠、牛、虎、兔、龙、蛇、马、羊、猴、鸡、狗、猪。如子年出生的人属鼠，丑年出生的人属牛。生肖又叫属相。关于十二生肖的记载，在现有文献中，以《诗经》为最早。《诗经·小雅·吉日》里有：“吉日庚午，即差我马。”以午对马。以动物配十二地支与古代华夏民族的生物观有关。在远古人类的心目中，人与动物你中有我，我中有你。如在《诗经·商颂·玄鸟》中，言“天命玄鸟，降而生商”，说商民族是“玄鸟”的后代。而《山海经》中的人面蛇身、人面羊身、人面马身、人面龙身、人面鸟身的神则比比皆是。因为在古人心中，人与动物没有绝对的界限，那么以动物配与十二地支就能说得通了。在诸多记载中，以《诗经》为最早，以王充的《论衡》记录最全面，如《论衡·物势》中载：“寅，木也，其禽，虎也。戌，土也，其禽，犬也。……午，马也。子，鼠也，酉，鸡也。卯，兔也。……亥，豕也。未，羊也。丑，牛也。……巳，蛇也。申，猴也。”给出了完整的对应关系。

关于十二生肖的来源，说法很多。在汉族民间传说中，轩辕黄帝需要十二名动物担任宫廷卫士，因此征集了十二种动物。又有学者从古代昼夜十二时辰的角度来解释，认为“鼠咬天开”，所以子属鼠；天开之后，“地辟于丑”，牛耕田，所以以丑属牛；寅时是人出生之时，有生必有死，置人于死地莫过于猛虎，所以寅属虎。以此类推，有了十二生肖，每个生肖都有特定的意义。十二生肖循环往复，每十二年为一个轮回。民间称轮回之年为本命年。

除了汉民族，其他的少数民族或国家也有自己的动物排列。如桂西彝族的十二属为：龙、凤、马、蚁、人、鸡、狗、猪、雀、牛、虎、蛇。海南黎族的十二属为：鸡、狗、猪、鼠、牛、虫、兔、龙、蛇、马、羊、猴。广西壮族的十二属为：鼠、牛、虎、兔、龙、蛇、马、羊、猴、鸡、狗、猪。在印度，十二属中除了狮代虎外，其他的与我国完全相同。在古巴比伦，则是用猫、狗、蛇、蜣螂、驴、狮、公羊、公牛、隼、猴、红鹤、鳄鱼来纪年。相对而言，虽都以动物入属，但以纪年之动物为人的属相者乃中国独有。

立春习俗

按我国传统农历，立春是春季的第一天，自古以来颇受重视，民间也有“新春大如年”“春朝大于年朝”的说法。

立春作为节气形成于周代，而立春的重要习俗——迎春的产生和正式举行则开始于东汉时期，《后汉书·祭祀志》记载说：“立春之日，皆青幡帻，迎春于东郭外。令一童男冒青巾，衣青衣，先在东郭外野中。迎春者至，自野中出，则迎者拜之而还。”此后历经各个朝代，成为官方重要的礼俗活动，到清朝时，达到高潮。

在清朝，迎春礼仪由中央政府制定并且在全国统一施行，其范围遍及中国整个农业地区。东起胶东半岛、福建沿海，西到甘肃、宁夏一带，北自东北边陲的黑龙江，南抵海南岛，无不举行迎春礼。

《大清通礼》对于迎春礼做了这样的规定：“直省迎春之礼：先立春日，各府州县于东郊造芒神、土牛。春在十二月望后，芒神执策当牛肩；在正月朔后，当牛腹；在正月望后，当牛膝，示民农事早晚。届立春日，吏设案于芒神、春牛前，陈香烛果酒之属，案前布拜席。通选执事者于席左右立。府州县正官率在城文官丞史以下朝服毕，诣东郊。立春时至，通赞赞：行礼。正官一人在前，余官以序列行，就拜位。赞：跪，叩，兴，众行一跪三叩礼。执事者举壶爵，跪于正官之左，正官受爵酌酒，酹酒三，授爵于执事者，复行三叩礼，众随行礼，兴，乃抬芒神、土牛，鼓乐前导，各官后从，迎入城，置于公所，各退。”由于清政府对于迎春礼仪做了这样的统一规定，所以各地的迎春礼举行时间以及仪式大多类似。

在迎春礼俗活动中，各种娱乐活动十分活跃。在河南信阳，市民玩鱼龙、角抵、高跷等游戏；在甘肃灵台，立春前一日，有“社火过堂”习俗，“官令招集各里、各甲杂业人等，名为七十二行，各按职业分穿朱衣玄裳，妆成故事，会聚县署大堂点验”。

有的地方迎春大多在立春前一日或当日进行。光绪八年（公元1882年）《宝山县志》记载：“‘立春日’前期，县官督委坊甲整办什物，如亭台、彩仗之类。先一日，县令率僚属迎春于东郊。”在山东齐河，立春前一日，造泥牛和芒神，预置在东郊。“邑令率僚属具吉服，陈鼓吹杂剧以迓之。饮盒酒，迎回，将芒神及泥牛置大门内，仍于堂上设席演剧，邀绪绅士饮春酒。”在江苏吴县，立春前一日，知府率领僚属行迎春礼，出娄门到柳仙堂迎芒神、春牛。其时男女争睹，并以其所颁之式来占卜雨水的多少以及有无疾病瘟疫。广东《揭阳县志》卷二《典礼·迎春》有这样的记载：“每岁立春，遵照会典，迎春于东郊，出土牛。仪注：先期塑造土牛、芒神。前一日，各官常服，迎至县门外，土牛向南，芒神在东西向。立春日，早，陈设香烛酒菜，各官俱朝服，行一跪三叩礼。”《揭阳县志》卷七《岁时》也有这样的记载：立春前一日“迎春”，多装故事，谓之“扮景”，观者塞途，土牛过，争以谷、豆、果粒抛掷之，甚有用瓦砾者。至期鞭春，争取土牛归，以其利六畜，是日祭先祖。另据台湾省1959—1978年的《苗栗县志》记载，在清末，当地是立春当日举行迎春盛典。在江西庐陵，也是立春日迎春，“郡县官率属迎春于城隍庙，南从太平桥过，候人跪桥侧，扬声曰‘春到太平’”。

雨水习俗

雨水节气的含义是降雨开始，雨量渐增，在二十四节气的起源地黄河流域，雨水之前天气寒冷，但见雪花纷飞，难闻雨声淅沥。雨水之后气温一般可升至0℃以上，雪渐少而雨渐多。可是在气候温暖的南方地区，即使隆冬时节，降雨也不罕见。

我国南方大部分地区这段时间平均气温多在10℃以上，桃李含苞，樱桃花开，确已进入气候上的春天。除了个别年份外，霜期至此也告终止。嫁接果木，植树造林，正是时候。华南继冬之后，常年多春旱，特别是华南西部更是“春雨贵如油”。农业上要注意保墒，及时浇灌，以满足小麦拔节孕穗、油菜抽薹开花需水关键期的水分供应。西北高原山地仍处于干季，空气湿度小，风速大，容易发生森林火灾。另外，寒潮入侵时可引起强降温和暴风雪，对老、弱、幼畜危害极大。所有这些，都要特别注意预防。

雨水不是节日，所以这天民间很少有过节的习俗活动，不过在四川一带，每年雨水节气时，当地出嫁的女儿要带上罐罐肉、椅子回去拜望父母。久婚未孕的女儿，也要带上礼物回娘家。母亲会给女儿缝制一条红裤子，穿在衣裤里面，以示吉祥，祈求来年得子。

对于庄稼来说，雨水这天最宜种稻和移植柑橘，农谚说，“雨水种稻”“雨水节，接柑橘”。

惊蛰习俗

民间将惊蛰称为“二月节”。其由来是源于东汉刘歆的《三统历》。在东汉之前的西汉《礼月令疏》将惊蛰放在正月，将清明放在二月。《三统历》将惊蛰改为二月节。既然是节，自然有许多相应的节日习俗。

蒙鼓皮。惊蛰是雷声引起的。古人想象雷神是位鸟嘴人身，长了翅膀的大神，一手持锤，一手连击环绕周身的许多个天鼓，发出隆隆的雷声。惊蛰这天，天庭有雷神击天鼓，人间也利用这个时机来蒙鼓皮。《周礼》卷四十《挥人》篇上说：“凡冒鼓必以启蛰之日。”“冒”就是以皮革蒙鼓的意思。

可见不但百虫的生态与一年四季的运行相契合，万物之灵的人类也要顺应天时，凡事才能收到事半功倍之效。

做面食花、吃梨、赶蛤蟆。河北张家口惊蛰时兴做面食花。面食花以面粉为原料，掺入调色，细揉成泥，然后捏成各种动物形象。在山西雁北地区惊蛰讲究吃梨，当地人认为这天吃梨可以清除体内百毒。另有一些地方的风俗，惊蛰的晚上要让儿童拎着锣鼓出去，在田头地边边敲边唱，人们称之为“赶蛤蟆”。

咒雀。云南宣威一带，晚清民初时惊蛰这天有“咒雀”的风俗。《中华全国风俗志》中说：“惊蛰为旧历二月节，是日清晨，农家之家尝听见雀鸣，即唤起牧童，往田间咒雀。牧童得命，手提铜器一具，急忙跑至田间，顺着田埂而行，随行随敲，随敲随唱咒雀词曰：金嘴雀、银嘴雀，我今朝来咒过，吃着我的谷子烂嘴壳……其意盖谓今日咒之，迨到谷熟之时，鸟雀便不敢来啄；必须将自家所有之田埂走遍，始可回家。”相传这种咒雀词念过之后，五谷成熟时，鸟雀就不会去啄吃谷米。

抖虱子。有些地方的人在惊蛰时听到第一声春雷，赶快使劲抖衣服，认为这样不但可以抖掉身上的虱子跳蚤，而且一年都将免受这些寄生虫的骚扰。晚明刘侗在《帝京景物略》卷二《春场》里就说：“初闻雷，则抖衣，曰蚤虱不生。”

《千金月令》上说：“惊蛰日，取石灰糁门限外，可绝虫蚁。”石灰原本具有杀虫的功效，在惊蛰这天，撒在门槛外，认为虫蚁一年内都不敢上门。这与闻雷抖衣一样，都是在百虫出蛰时给它一个“下马威”的举动，希望害虫不敢来骚扰自己。

占惊蛰。对农民来说，惊蛰这天正是他们忙着播种插秧的时刻。民初时安徽含山有一首民谣《春雷动》唱道：“春雷动，春雷响，春雷下来农人忙；早晨春雷忙播种，中午春雷忙插秧，晚上春雷把米藏。”惊蛰这天的雷声，保证了秋时的收成。古代农民以惊蛰有无雷声来占卜一年的丰歉，所以农谚中“惊蛰闻雷，米面如泥（言其多）”“惊蛰未蛰（言无雷），人吃狗食”的话。

炒惊蛰。广东大埔等地有一种黄蚁，只要发现了人家收藏的糖果，一定蜂聚而食，使人们很是厌恶。于是每年惊蛰日夜，家家户户炒黄豆或麦粒，炒完舂后又炒，反复多次，边炒边说：“炒炒炒，炒去黄蚁爪；舂舂舂，舂死黄蚁公。”认为这种做法可以减少黄蚁的危害，并且当年家中不再出现蚁蝼。

画箭射白虎。每年惊蛰这天，湘西土家族的家家户户都要用石灰在居住的吊脚楼堂屋里画上弓箭，对着门外射去。当地人叫“射过堂白虎”。这种人们用石灰画在堂屋里的弓箭是土家族人的护身符。

远古时期，土家族人是以虎为图腾的，因而家家祭虎。有一年祭虎时，真的来了一只大白虎，它东窜西走吃各家的供品，山寨被它闹得人畜不安。无奈之中，土王出榜招募打虎勇士，有一名叫斑屯的青年揭下了榜。斑屯的祖父就是打这只虎丧生的。斑屯第一次打虎时没有打中。这天晚上，祖父给他托梦，告诉他紫荆山太阳岩上有三根银荆竹，用它们做成三根银竹箭；雷打坟坡顶上有三蔸群铁杉，砍来扎成一座杉木楼，在楼上点七盏白蜡灯。这只大白虎见了白蜡灯就会扑上楼来。人伏在楼口，用一只银竹箭从口里射进去，穿破虎的喉咙，让它叫不出声音；接着再用一只银竹箭射进虎的脑门心，砍掉它头上的“王”字，要它当不成虎王；再接着用一只银竹箭从虎的后腿中间射进去，射破它的心，它就四脚扑地死了。射死这只大白虎，山里的老虎就不敢再骚扰山寨了。

斑屯醒来后按照祖父梦中的指点去做，果然顺利地打死了大白虎。

山里的群虎见大白虎被打死了，都追出来要报仇。斑屯从身上的箭袋里抽出银竹箭，搭在弓上一拉，群虎见银竹箭闪出道道白光，吓得四散而逃。寨里的人怕老虎再窜进屋来，就用白石灰照着斑屯的弓箭在堂屋里画张弓箭。老虎看见画的弓箭以为是斑屯射死大白虎的银竹箭，掉头就跑。因为斑屯扛着大白虎回寨的这天是“惊蛰”，以后人们为免虎害，都要在“惊蛰”这天画箭符，以求得一年平平安安。

春分习俗

春分节气习俗主要有以下几种。

（1）酿酒

北京、天津、河北、山东、山西、浙江等地都有春分日酿酒的习俗。1913年浙江《于潜县志》记载，当地“春分造酒贮于瓮，过三伏糟粕自化，其色赤，味经久不坏，谓之春分酒”。在山西陵川，这天不仅要酿酒，还要用酒醴祭祀先农，祈求庄稼丰收。

（2）祭祖

清朝时，官府和世家大族在春分日要祭祖。清代富察敦崇《燕京岁时记》中说：“春分前后，宫中祠庙皆有大臣致祭，世家大族亦于是日致祭宗祠。”山东平阴春分日祭祖先。贵州平坝春分日建有祠堂的家族要聚集在一起祭宗祠。浙江宣平这天祭家庙。

(3) 栽戒火草

梁代宗懔《荆楚岁时记》中说：南北朝时，江南人春分这天在屋顶上栽种戒火草，如此就整年不必担心有火灾发生了。戒火草是哪种植物？清代吴其浚《植物名实图考》中提到两种辟火草，一种是俗称八宝草、佛指甲或火焰草的景天，盆栽置放于屋顶上以辟火灾；另一种则是仙人掌，把仙人掌种在墙头，也具有辟火的功能。

(4) 逐疫气

安徽南陵称春分为“春分节”。这天黄昏，乡村的儿市会争相敲打铜铁响器，声传村外，东乡叫“逐厌毛狗”，北乡叫“逐疫气”，南乡叫“逐毛狗”，西乡叫“逐野猫”。广东阳江妇女在这天到山上采集百花叶，舂成粉末，与米粉和在一起做汤面吃，说是能清热解毒。

其他习俗还有《荆楚岁时记》中说的，春分这天一大早，天还没亮，就有一种像乌鸦的玄鸟发出“咯咯咯”的鸣叫声，农民们听到这种鸟叫，便开始下田工作。《隋书·礼仪志》中记载，有的人家在春分这天等玄鸟来临后，把事先准备好的牛猪羊三牲拜神祈子。

清明习俗

清明既是节气，又是我国重要的传统节日。由节气演变为节日，“清明”已有两千多年的历史，节气与节日的区别在于，前者单纯反映气候变化和时节的顺序，后者包括一定的风俗活动和一定的纪念意义。清明时祭祖扫墓是主要活动之一。

其他的习俗如下。

(1) 插柳

黄河流域、淮河流域、长江流域等地家家户户清明节这一天在门头上插柳、在屋檐下挂柳、妇女头上簪柳、男子身上佩柳、儿童吹柳管、墓前插柳挂纸钱。胡朴安在《中华全国风俗志》中记载，淮河岸边的寿春（今安徽寿县）岁时说：“清明日，家家门插新柳，俗意谓可祛疫鬼。”《芜湖古今》记芜湖风俗时说，清明日“清晨，街市叫卖杨柳。家家折一枝绿柳蘸上清水插上门楣。妇女则结杨柳球，戴在鬓边”。江淮之间的和县、含山、无为等县也有清明节这天用柳叶的焦、青，占卜农作物丰歉的习惯，如谚语说的：“清明柳叶焦，二麦（指大麦、小麦）吃力挑”“檐前插柳青，农夫休望晴”。近代杨韫华《山塘翟歌》说长江下游苏南清明插柳风俗："清明一霎又今朝，听得沿街卖柳条。相约比邻诸姊妹，一枝斜插彩云翘。"

（2）踏青

清明正值暮春三月，天清气朗，是出游的好时机，所以有的人把扫墓和郊游结合起来，到野外做春日之游，然后围坐饮宴，抵暮而归。宋代张择端《清明上河图》就描绘了当时东京（今河南开封）清明节时人们扫墓踏青归来的情景。山东博兴的民众认为"清明踏了青，不患脚疼病"。在广东高明，妇女常常携伴郊游拾翠。

（3）放风筝

放风筝是清明节活动之一，又称放断鹞。民间俗称"正月鹞，二月鹞，三月放个断线鹞"。清代顾禄《清嘉录·卷三》"放断鹞"中说：纸鸢，俗称"鹞子"，春晴竞放，川原远近，摇曳百丝……清明后，东风谢令，乃止，谓之"放断鹞"。意思是说，春天里春风由下往上吹，适于放风筝，过了清明，因风向不稳就不宜再放风筝，所以玩到清明为止，而清明这天是一年里最后一次风筝就称为"放断鹞"，有的地方不仅白天放风筝，夜间也放。夜里在风筝下或风筝拉线上挂一串串彩色的小灯笼，像闪烁的明星，被称为"神灯"。过去，有的人把风筝放上蓝天后，便剪断牵线，任凭清风把它们送往天涯海角，据说这样做，自己的疾病、秽气都让风筝带走了，留给自己的则是好运气。

（4）荡秋千

荡秋千也是我国古代清明节习俗。秋千，最早叫千秋，后来觉得不吉利，改为秋千。古时的秋千大多用树丫枝做架，再拴上彩带做成。后来逐步发展成用两根绳索加上踏板的秋千。荡秋千在南北朝时已经流行。《荆楚岁时记》中记载："春时悬长绳于高木，士女衣彩服坐于其上而推引之，名曰打秋千。”唐代荡秋千是很普遍的游戏，元明清三代将清明节定为秋千节。

(5) 拔河

拔河最早叫“牵钩”“钩强”，唐朝开始叫“拔河”。它发明于春秋后期，盛行于军旅，后来流传到民间。唐玄宗时曾在清明时举行大规模的拔河比赛。从那时起，拔河便成为清明节的习俗了。

谷雨习俗

谷雨处于农田耕作时节，所以，民间的习俗大多与耕作有关。

(1) 禁杀五毒

谷雨节流行禁杀五毒。谷雨以后气温升高，病虫害进入高繁衍期，为了减轻虫害对农作物及人的伤害，农家一边进田灭虫，一边张贴谷雨贴，进行驱凶纳吉的祈祷。这一习俗在山东、山西、陕西一带流行。

谷雨贴属于年画的一种，上面刻绘神鸡捉蝎、天师除五毒形象或道教神符，有的还附有“太上老君如律令，谷雨三月中，蛇蝎永不生”“谷雨三月中，老君下天空，手迟七星剑，单斩蝎子精”“谷雨三月中，蝎子逞威风，神鸡口一嘴，毒虫化为水”等文字说明。山东的谷雨贴采用黄表纸制作，以朱砂画出禁蝎符，贴在墙壁或蝎穴处，寄托人们查杀害虫、盼望丰收与安宁的心理。

（2）赏牡丹

河南洛阳是牡丹花的故乡，牡丹盛开时节正值谷雨，所以人们又将牡丹花称为“谷雨花”，并衍生出“谷雨赏牡丹”的习俗。凡有花之处，就有仕女游观。也有在夜间垂幕悬灯，宴饮赏花的人，号称“花会”。清代顾禄《清嘉录》记载：“神祠别馆筑商人，谷雨看花局一新。不信相逢无国色，锦棚只护玉楼春。”

（3）祭海

对于渔民而言，谷雨节要祭海。谷雨正是春海水暖之时，百鱼行至浅海地带，是下海捕鱼的好日子。为了能够出海平安、满载而归，谷雨这天渔民举行海祭，祝福海神保佑。因此，谷雨节也被称为渔民的“壮行节”。

这一习俗在今天山东胶东、荣成一带仍然流行。过去，渔民由渔行统一管理，海祭活动由渔行组织。祭品为去毛烙皮的肥猪一头，用腔血抹红，白面大饽饽十个。另外，还准备鞭炮、香纸。渔民合伙组织的海祭没有整猪的，就用猪头或蒸制的猪形饽饽代替。古代村村都有海神庙或娘娘庙，祭祀时辰一到，渔民便抬着供品到海神庙、娘娘庙前摆供祭祀，有的还将供品抬到海边，敲锣打鼓，燃放鞭炮，面海祭祀，场面十分隆重。

（4）采茶

“吃好茶，雨前嫩尖采谷芽”。真正的好茶采自谷雨时节，味道香醇。采茶专家介绍，谷雨又名“茶节”，谷雨前采摘的茶叶细嫩清香，味道最佳，因此谷雨品尝新茶，相沿成习。此时也是采茶、制茶、交易的大好时机。相传喝了谷雨茶能解凉消毒，夏天不易生痱子、疱子。

(5) 食香椿

谷雨这一天，北京人有采食香椿的习俗。谷雨节的香椿醇香爽口营养价值高，谚语有“雨前香椿嫩如丝”的说法。香椿有提高机体免疫力、健胃、理气、止泻、润肤、抗菌、消炎、杀虫的功效，可炒食、凉拌、油炸、干制、腌渍等。

(6) 吃野菜

晋西北地区有在谷雨节前后挖野菜吃的习俗。春季，植物新芽吐放，把鲜嫩的柳叶、杨叶采回家，泡去苦味，煮渍后加调味可为小菜；榆钱嫩黄，采回择洗干净，加面粉，俗称“傀儡”；槐花、苜蓿花同样可照此食用。

(7) 走谷雨

在古代，谷雨有个奇特的风俗，庄户人家的大姑娘小媳妇无论有事没事，都要挎着篮子到野外走一圈回来，称为“走谷雨”。她们这样做，意图是想走出一个五谷丰登、六畜兴旺的好年成。

(8) 洗“桃花水”

谷雨的河水非常珍贵，被称为“桃花水”，传说用它洗浴可消灾避祸。谷雨节人们用“桃花水”洗浴，举行射猎、跳舞等庆祝活动。

(9) 祭仓颉

在陕西白水县，谷雨有祭祀文祖仓颉的习俗。“谷雨祭仓颉”是自汉代以来流传千年的民间传统。

夏至习俗

由于夏季节日较少，而夏至又是一个很重要的节令，繁忙的夏收、夏种，迎夏粮入库多于此时展开，需要有较好的饮食。夏至天气又最炎热，要进行种种饮食休息，纳凉防暑，所以夏至便成了节日，相沿至今。

夏至，古时又称夏节。《吕氏春秋·有始》中的“夏至，日行近道，乃参于上”是较早的记载，汉代已成为较重要的节日。当然，由于此时正是夏忙，所以节日活动较少。夏至后，人们多要进行种种防暑工作，如吃凉食，歇晌午眠，吃补食，以迎接夏收、夏种的繁忙节令。防暑的冷食、凉食在夏至大行其道。

早在周代，就设有专门的为王室管理冰政的“凌人”。《周礼》卷五中说：“凌人掌冰，正岁、十有二月，令斩冰，三其凌。”即说于十二月斩下冰块堆积人窖中，要藏三倍于夏日的冰需求量才够（因为冰要融化掉三分之二）。夏季，将冰块放入青铜制的冰鉴中，待其融化，便可降温。以后历代也都有冬季藏冰之俗。

宋代《文昌杂录》里记载，夏至到，百官放假三天。这一天，各地的农民忙着祭天，北方祈雨，南方求晴。《荆楚岁时记》记述，长江中下游正值梅雨季节，人们在夏至这天把菊叶灰撒在农作物上，预防病虫害。

明代《帝京景物略》卷二，也写到当时皇家冬日采冰之事。夏季取冰出来，可供纳凉，或在夏日时赐予大臣。当然要首先满足皇家之需。《燕京岁时记》："京师自暑伏日起，至市秋日止，各衙门例有赐冰，届时，由工部颁给冰票，自行领取，多寡不同，各有等差。"而民间没有赐冰，则主要靠购买。商家于冬日藏冰，盛夏时卖给海鲜店，或卖给做冷饮生意的小贩，用来冰东西，如《清嘉录》所记。用冰冻过后的冷饮自然更凉爽可口。

古代，夏日冷饮已经极多。《东京梦华录》《武林旧事》里，记录的砂糖绿豆汤、漉梨桨（梨汁）、木瓜汁、卤梅水（酸梅汤）、香薷（一年或多年生草本植物，茎呈方形，紫色，有灰白色的毛，叶子对生，卵形或卵状披针形，花粉红色。茎和叶可以提取芳香油，全草入药）饮、红茶、苦茶、甘豆汤等，均是今天我们常饮的饮料。另外如凉粉、金银花与菊花点汤，今亦常见。民间还有"结茶缘"之俗，即提供免费茶水，于路边摆设茶壶、茶杯供行人饮用解暑，亦是美俗，如今也还存在。

饮食方面，北京、山东是"冬至饺子夏至面"，陕西吃粽子。在南方，农家擀面做薄饼，烤熟，夹杂青菜、豆荚、豆腐及腊肉，祭祖后食用或赠送给亲友。江苏无锡早晨吃麦粥，中午吃馄饨，取混沌和合之意。吃过馄饨，大人会为孩童称体重，希望儿童体重增加，身体健康。湖南浏阳大多吃醮坨。醮坨由米粉做成，加韭菜等作料煮食，又叫圆糊醮。民国以前，很多农户将醮坨用竹签穿好，插到水田的缺口，燃香祭祀祈祷丰收。小孩子和叫花子早待此日，以便到时摘取醮坨，乘机饱食一顿。

有些地区，未成年的外甥和外甥女到娘舅家吃饭，娘舅一定用苋菜和葫芦做菜，俗话说："吃了苋菜，不会发痧；吃了葫芦，腿里就有力气。"也有的到外婆家吃腌腊肉，说是吃了就不会疰夏。

其他的习俗还有，浙江绍兴有"嬉，要嬉夏至日"的俚语。过去，无论贫富之家夏至日都祭祖，俗称"做夏至"。除常规供品外，特加一盘蒲丝饼。有的吃生黄瓜和煮鸡蛋来治"苦夏"。在夏至，还有求雨或求晴、祭田公田婆等风俗，总之是与农业有关的祈求丰收活动。古代皇帝则于此日祭祀地神。

立秋习俗

"立秋"是夏秋之分的重要时刻，但是天气仍很热，晋南民谚："秋后一伏，热死老牛。"不过立秋后可分前后晌，即早晚凉、中午热。秋天是收获的季节，也是农家的大节气，民间十分重视。民谚有"秋收大忙，割打晒藏""秋收大忙，绣女下床""三春没有一秋忙，收到囤里才是粮""抢秋夺秋，不收就丢"。我国江南有谚说"立秋处暑地起忙，收了早稻种杂粮”。旧时云南等地禁忌立秋日在田间行走。否则，以为对秋收不利。识字人多用红纸书“今日立秋，百病俱休”字样贴于壁上。妇女们也要用红布剪成葫芦形，缝于儿童后裙之上，用以祛病。山东莱西一带，禁忌立秋日洗澡，否则，认为身上会长秋狗子（即痱子之类）。黄县一带则认为秋日洗澡，秋后要拉肚子。

河南、江苏、湖北一带，立秋日还忌雷、雨、风。俗谚有“（立秋日）一雷波万顷”“雷打秋，晚禾折半收”“秋甲子忌雨，雨则多涝”“秋前北风秋后雨，秋后北风干透底”，等等。这些谚语，虽说法不尽相同，但都表达出了农家对立秋日的重视和祈愿风调雨顺的心情。

（1）戴楸叶

立秋日戴楸叶的习俗由来已久。北宋孟元老《东京梦华录》卷八形容立秋这天汴京人戴楸叶的情形说：“立秋日，满街卖楸叶，妇女儿童辈，皆剪成花样戴之。”南宋周密《武林旧事》卷三也说：“立秋日，都人戴楸叶、饮秋水、赤小豆。”

吴自牧的《梦粱录》卷四说：“立秋日，太史局委官吏于禁廷内，以梧桐树植于殿下，俟交立秋时，太史官穿秉奏曰：‘秋来。’其时梧叶应声飞落一二片，以寓报秋意。都城内外，侵晨满街叫卖楸叶，妇人女子及儿童辈争买之，剪如花样、插于鬓边，以应时序。”可见南宋在立秋这天戴楸叶的情景，与北宋相同。

楸是大戟科落叶乔木，最高可达三丈，干茎直耸可爱，叶大，呈圆形或广卵形，叶嫩时为红色，叶老后只有叶柄是红的。据唐代陈藏器《本草拾遗》说，唐朝时立秋这天，长安城里开始售卖楸叶，供妇女儿童剪花插戴，可见这个风俗的古老。

近代，各地也有立秋日戴楸叶的习俗。河南郑县男女立秋日都戴楸叶。山东地区这天必有一两片楸叶凋落，表示秋天到了。胶东和鲁西南地区的妇女儿童采集来楸叶或桐叶，剪成各种花样，或插于鬓角，或佩于胸前。

(2) 贴秋膘

流行于北京、河北等华北地区。这天，普通百姓家家吃炖肉，讲究一点的人家吃白切肉、红焖肉，以及肉馅饺子、炖鸡、炖鸭、红烧鱼。这种习俗的来历普遍说法是，由于以前我国北方农村地区的生活水平比较低，经过夏季辛苦劳作，为了弥补劳动者身体的亏损，到了立秋节气就要杀猪宰羊，做些营养丰富的菜肴，给那些壮劳力补补身子，也就是所谓的“贴秋膘”。后来，随着部分乡下人进城，这个习俗被他们带到了城里，渐渐地，城里也流行起“贴秋膘”。

(3) 摸秋

安徽太湖、潜山、宿松西南部和江苏北部地区，在“立秋”之夜，人们结伴去私人或集体的瓜园中摸回各种瓜果，俗称“摸秋”。丢了“秋”的人家，无论丢多少，也不计较。这个风俗源于元代故事。在元末，淮河流域出现了一支农民起义军，参加起义队伍的将士都是农民出身，他们饱受元军的兵燹之苦，对兵扰深恶痛绝。这支队伍纪律严明，所到之处，秋毫不犯。

一天，这支起义军转移到淮河岸边，深夜不便打扰百姓，便在旷野露天宿营。少数士兵饥饿难忍，在田间摘了一些瓜果充饥。此事被主帅发觉，天明准备将他们按军法治罪。村民得知后，纷纷向主帅求情，设法开脱士兵的过错，有一位老人随口说道：“八月摸秋不为偷。”那几个士兵因此获免无罪。而那天正好是立秋节，从此便留下了“摸秋”的习俗。

(4) 咬秋

“咬秋”寓意炎炎盛夏难耐，忽逢立秋，将其咬住不放。北京的习俗是立秋那天早上吃甜瓜，晚上吃西瓜；江苏各地立秋时刻吃西瓜“咬秋”，认为可不生秋痱子。在江苏无锡、浙江湖州，立秋日吃西瓜、喝烧酒，认为可免疟疾。天津讲究在立秋这天吃西瓜或香瓜，据说可免腹泻。清代张焘的《津门杂记》中记载：“立秋之时食瓜，曰咬秋，可免腹泻。”清代在立秋前一天把瓜、蒸茄、香糯汤等放在院子里晾一晚，到立秋当天吃下，为的是清除暑气、避免痢疾。

咬秋这个习俗到上海变成了向亲友邻舍相互馈赠西瓜。平日吃的都是自种的瓜，这天须吃亲友送来的瓜，除调换口味外，主要是通过互相品尝，发现良种，交流并改进栽种技术。

其他的习俗还有，浙江杭州一带大人小孩在立秋时都要吃秋桃，每人一个，吃完把桃核留起来，等到除夕这天，把桃核丢进火炉烧成灰烬，认为这样可以免除一年的瘟疫。

辽宁地区立秋日“吃秋饱”，海城、锦县等地吃肉面，义县的城乡居民吃饼、饺子等面食，朝阳吃黄米面饽饽。

四川东西部在“立秋”正刻全家老小各饮一杯“立秋水”，据说可消除积暑，秋来不闹肚子。

山东莱西地区立秋吃“渣”，这是一种用豆沫和青菜做成的小豆腐，当地还有“吃了立秋的渣，大人孩子不呕也不拉”的俗语。

从唐宋时起，全国各地普遍有“立秋”日用秋水服食赤小豆的风俗。取 7~14 粒赤小豆，用井水吞服，服时要面朝西方，据说可以一秋防痢疾。

立冬习俗

立冬是我国气候寒来暑往的一个分界限，立冬之前为深秋，立冬之后严寒将至。或许是为了迎接冬天的到来，民间因此流行许多习俗。

(1) 补冬

为了适应气候季节性的变化，调整身体素质，增强体质以抵御寒冬，全国各地在立冬日纷纷进行“补冬”。闽南地区家家杀鸡宰鸭，并加入中药合炖，以增加香味和营养素；也有的把西洋参或高丽参切片，包在鸡、鸭肫之中缝好合炖，让小孩子吃了长身体；有的用党参、川七合炖，以加强骨骼健壮。总之，大家都是想方设法大力进补。出嫁的女儿给父母送去鸡、鸭、猪蹄、猪肚之类营养品，让父母补养身体，聊表对父母的孝敬之心。

(2) 养冬、入冬

浙江地区将立冬称为“养冬”，要吃各种营养品进补，如在洞头，这天要杀鸡或鸭给家人补身体；也有吃猪蹄进补的，说是吃前蹄可补手，吃后蹄可补脚。在台湾基隆，称立冬为“入冬”，当地的习俗为杀鸡鸭或买羊肉，加当归、八珍等补药共炖；也有的将糯米、龙眼干、糖等蒸成米糕而食。

(3) 吃甘蔗、炒香饭

潮汕谚语说："立冬食蔗不会齿痛。"据说这一天吃了甘蔗，可以保护牙齿，也有滋补的功效。有些汕头市民在立冬日还吃炒香饭。用莲子、蘑菇、板栗、虾仁、红萝卜做成的香饭，深受人们的青睐。

(4) 吃咸肉菜饭

江苏苏州传统风俗是立冬吃咸肉菜饭。咸肉菜饭用正宗霜打后的苏州大青菜及肥瘦兼有的咸肉，以及苏州白米精制而成。过去苏州人家烧咸肉菜饭非常考究，都在砖灶上烧。砖灶是用砖砌成的烧稻草的灶头。灶上有根长烟囱穿过屋面，其灶头拔风性能好，火候可根据柴薪多少进行调节，烧出的咸肉菜饭又香又糯。

(5) 吃饺子

在北方，立冬吃饺子已有上百年的历史。饺子有"交子之时"的意思，除夕夜吃饺子代表新旧两年的交替，而立冬则是秋冬季节的交替，所以也有吃饺子的风俗。天津立冬吃倭瓜饺子。立冬时，市场上很难买到倭瓜。这种倭瓜是夏天买的，存在小屋里或窗台上，经过长时间糖化，做饺子馅，味道既有别于大白菜，也与夏天的倭瓜馅不同，还要蘸醋加烂蒜吃，才算别有一番滋味。

(6) 吃荞面

北京人在立冬喜欢吃荞面。《京都风俗志》中说，立冬日，或有食荞面等物，谓能益人。配上两碟现腌现吃的大白菜、萝卜或小黄瓜，加点麻油和醋一拌，吃起来十分爽口。

(7) 扫疥

上海人在立冬时"扫疥"。民初胡德编著《沪谚外编》上卷说：

“立冬日，以菊花、金银花、香草，煎汤沐浴，曰‘扫疥’。”华北、华中一带，冬日天冷，洗澡不便，疥虫、跳蚤等寄生虫便乘机在人身上繁殖起来，皮肤病也容易流行、传染，上海人在立冬这天洗药草香汤浴，正是希望一举把身上的寄生虫全部杀死洗干净，整个冬天不得疥疮。

(8) 腌菜

立冬这天有的地方会祭拜地神，表示欢迎冬天的来临，更把初熟的新鲜蔬菜加以腌藏，以备冬日之需。北宋孟元老《东京梦华录》卷九形容当时汴京人在十月立冬时忙着腌菜的情景说：“是月立冬，前五日，西御园进冬菜。京师地寒、冬月无蔬菜，上至宫禁，下及民间，一时收藏，以充一冬食用，于是车载马驮，充塞道路。”

冬至习俗

冬至又叫大冬、正冬。冬至前一天，叫作“小至”或“小冬”，黄河流域也称“冬除”“冬住’或“冬除夜”，上海、江苏称“冬至夜”，江苏连云港称“冬晚上”。冬至后一天，在山东叫作“至后”。

古人将冬至看成阴阳二气的自然转化，是天赐之福。早在春秋战国时期，备受官民重视。商周和秦代，将“冬至”作为一年的岁首。汉代之后，确立冬至为“冬节”，官府有一套隆重的祝贺仪式，叫“贺冬”。《后汉书》称，冬至前后，“百官进行祭天大典”。

冬至的活动曾经十分丰富，民间称为“肥冬瘦年”。

(1) 祭天

冬至日，古代朝廷有郊祀祭天的典礼。《礼记》卷二十六《郊特牲》说：“郊之祭也，迎长日之至也。”可见在周朝时就有皇帝率文武百官到城外南郊迎冬祭天了。此后，历朝在冬至都有这种典礼，礼成后百官还互贺冬节；唐代崔立之《南至隔仗望含元殿炉烟》说：“千官贺长至，万国拜含元。”

北宋时，皇帝率领文武百官到汴京城南的郊天举行郊祀，对昊天上帝和太祖皇帝祭拜；南宋在杭州城南嘉会门外三里净明院附近的郊坛举行郊祀。元、明、清的郊祀，在北京南郊的天坛举行，礼成后回朝举办筵席。明代于慎行在《冬至恭侍庆成大宴》说：“南郊夜燎泰坛烟，内殿朝开大庆筵；两陛衣冠承湛露，千门钟鼓震钧天；亲瞻玉几云霄上，久泛仙日月边；温旨三传咸已醉，欢声动地未央前。”可见朝廷重视冬节的盛况。

清朝在冬至这天郊祀如仪，民初徐珂《清稗类钞·冬至郊天》说：“每岁冬至，太常侍预先知照各衙门，皇上亲诣圜丘，举行郊天大祭。前一日，御驾宿斋宫，午夜将事坛上帑幄皆蓝色。执事者衣青衣，王公大臣服貂蟒。坛旁有天灯竿三，高十丈，灯高七尺，内可容人，以为夜间骏奔助祭者之准望。届期，正阳门列肆悬灯彩，上辛常雩亦如是。附近庙宇不准鸣钟擂鼓，亦不准居民施放鞭炮，以昭敬慎。”

(2) 拜冬

拜冬又称“贺冬”。宋代，人们每到冬至便更换新衣，庆贺往来，有如过年。清代顾禄《清嘉录》卷十一说：“至日为冬至朝。士大夫家，拜贺尊长，又交相出谒。细民男女，亦必更鲜衣以相揖，谓之‘拜冬’。”徐士宏在《吴中竹枝词》中说：“相传冬至大如年，贺节纷纷衣帽鲜，毕竟勾吴风俗美，家家幼小拜尊前。”辛亥革命后仍然保留了这个习俗。上海地区过去最看重冬至节，冬至前夕称冬至夜，全家合聚欢筵，出嫁的女儿一定携带女婿回娘家吃晚饭。筵上尝新酿的甜白酒、花糕和粳粉圆子，然后在盘中垒上肉块祭祖，有的人家还悬挂祖先遗像。晚饭后，小辈向长辈拜礼。

(3) 履长

冬至对长辈们表示礼敬的习俗称为“履长”。《太平御览》引崔浩《妇仪》说：“近古妇人，常以冬至日上履袜于舅姑，践长至之义也。”这是履长风俗最早的形式，表示为长辈添寿。献履袜的风俗在魏晋时期尤其盛行，才高八斗的诗人曹植写有《冬至献袜颂表》，其中都是“迎福践长”一类的语词，所取的也是吉祥平安之意。

(4) 隆师

隆师即拜师，敬师。在中国人的伦理中，“一日为师，终身为父”，师长和亲长具有几乎等同的地位。

山西民间有“冬至节，教书的”之说。这天，教书先生带领学生拜孔子，然后由学董带领学生拜先生，并牵头宴请先生。在山东潍坊，家塾学生在冬至日清晨更换新衣，去拜老师。河北新河的乡塾子弟还要携带酒肉拜谒。山西《虞乡县新志》说：“各村学校于是日拜献先师。学生备豆腐来献，献毕群饮，俗名为‘豆腐节’。”

在河南洛宁，家塾、私塾全部放假，祭祀孔子，中午设宴款待老师。在陕西某些地区，冬至日馆东要带领家长和学生，手端方盘，盘中放四碟菜，一壶酒，酒杯，到学校慰问老师，学生向老师叩头请安，家长再和老师相互作揖问候。

冬至这天也有老师设宴答谢学生的。在河北定兴，“教授于家者，以此日宴饮弟子，答其终岁之仪，多食馄饨”。

(5) 拜圣

拜圣是拜大成至圣先师孔子。河北《固安县志》记述：“冬至日，行祭先师礼，师生以次肃拜。”冬至也就成了拜圣的日子。

(6) 赠鞋

冬至节，民间习惯赠送鞋子。《中华古今注》中记载：“汉有绣鸳鸯履，昭帝令冬至日上舅姑。”后来，赠鞋给舅姑的习俗逐渐变成了舅姑赠鞋帽给甥侄了。过去的手工刺绣，送给男子的，帽子多做成虎形、狗形，鞋上刺绣的也是猛兽；送给女孩的，帽子多做成凤形，鞋上刺绣多为花鸟。

(7) 做冬至

浙江民间冬至在家祭祀祖先，有的到祠堂家庙里祭祀，称“做冬至”。一般人家在冬至前剪纸做男女衣服，冬至送到先祖墓前焚化，称“送寒衣”。祭祀之后，亲朋好友聚饮，称“冬至酒”，这样既怀念了亡者，又联络了感情。

(8) 吃馄饨

《燕京岁时记》中记载：“冬至馄饨夏至面。”冬至这天，京城人家大多吃馄饨。南宋时，临安（今杭州）也有每逢冬至吃馄饨的风俗。宋代周密说，临安人在冬至吃馄饨是为了祭扫祖先，也称“健馄饨”。

只是到了南宋，才开始盛行冬至食馄饨祭祖的风俗。

在老北京，除了市面上叫卖的肥汤粉丝馄饨、白汤大馅馄饨、高汤卧果馄饨以及上海人卖的蛋片馄饨等各色品种外，各家还自己包馄饨、“喝”馄饨。

(9) 吃汤圆

江南盛行冬至吃汤圆。汤圆也称汤团，冬至吃汤团又叫“冬至团”。清代地方志记载，江南人用糯米粉做成面团，里面包上精肉、苹果、豆沙、萝卜丝等馅料。冬至团可以用来祭祖，也可用于互赠亲朋。在广西龙州，冬至称为“汤圆节”，这天早晨，家家做汤圆祭祀祖先，然后老少分食，晚上办酒席致祭，祭后举行家宴。上海过去最讲究吃汤团。人们在家宴上尝新酿的甜白酒、花糕和糯米粉圆子。有诗写道：“家家捣米做汤圆，知是明朝冬至天。”

浙江温州的汤圆有甜糖、芝麻和咸肉等多种馅料。在宁海，用赤豆做馅制“糯米圆”，用肉做馅的称“肉炒圆”或“咸圆”。在宁波，汤圆称“冬至汤果”，有的在汤果中加番薯做成“番薯汤果”。

(10) 搓丸子

冬至前夕，广东、台湾等地舂米“搓丸子”。丸子的颜色有红有白，有的被捏成猪头、猪脚、花鱼（三牲），荔枝、桃、梨、柑橘、香蕉（五果）小巧玲珑的玩具，象征兴旺吉祥，因此“搓丸子”又叫‘捏鸡母狗仔”。冬至早晨，农家要煮甜丸供奉祖先，然后当作早餐，还要将吃剩的几粒红丸粘贴在门户、谷仓、器物上，庆贺丰年，酬谢诸神。除此之外，许多人家还要蒸糕果、做寿龟、蒸年糕，象征年年高升，祈求福寿绵长。

(11) 捏冻耳朵

河南人冬至吃饺子俗称“捏冻耳朵”。相传南阳医圣张仲景曾在长沙做官，他告老还乡时正值大雪纷飞的冬天，寒风刺骨。他看见南阳白河两岸的乡亲有不少人的耳朵被冻烂了，就吩咐弟子在南阳关东搭起医棚，用羊肉、辣椒和驱寒药材放置锅里煮熟，捞出来剁碎，用面皮包成像耳朵的样子，再放到锅里煮熟，做成一种叫“驱寒娇耳汤”的药物施舍给百姓吃。服食后，乡亲们的冻耳朵都治好了。后来，每逢冬至进九，人们便模仿做着吃，因此形成“捏冻耳朵”这种习俗。

(12) 吃赤豆饭

在江南水乡，有冬至夜全家欢聚一堂共吃赤豆糯米饭的习俗。传说有一位叫共工氏的人，他的儿子不成才，作恶多端，死于冬至这天，死后变成疫鬼，继续残害百姓。但是这个疫鬼最怕赤豆，于是人们在冬至这天煮吃赤豆饭，用来驱避疫鬼，祛病防灾。

(13) 分胙肉

吃冬至肉的习俗流行于南方地区，肉主要用猪肉和酱烧熟。百姓们认为吃过冬至肉，能使身体强壮。有的地方冬至扫墓后，同姓宗族祠堂按人口分发冬至肉，称“分胙肉”。

第八章

节日文化

春节简介

春节，是农历正月初一，又叫阴历年，俗称“过年”。这是我国民间最隆重、最热闹的一个传节日。春节历史悠久，它起源于殷商时期年头岁尾的祭神祭祖活动。按照我国农历，正月初一古称元日、元辰、元正、元朔、元旦等，俗称年初一，到了民国时期，改用公历，公历的一月一日称为元旦，把农历的一月一日叫春节。

春节到了，意味着春天将要来临，万象复苏草木更新，新一轮播种和收获季节又要开始。人们刚刚度过冰天雪地草木凋零的漫漫寒冬，早就盼望着春暖花开的日子，当新春到来之际，自然要充满喜悦载歌载舞地迎接这个节日。

千百年来，人们使年俗庆祝活动变得异常丰富多彩，每年从农历腊月二十三日起到年三十，民间把这段时间叫作“迎春日”，也叫“扫尘日”。在春节前扫尘搞卫生，是我国人民素有的传统习惯。

然后就是家家户户准备年货，节前十天左右，人们就开始忙于采购物品，年货包括鸡鸭鱼肉、茶酒油酱、南北炒货、糖饵果品，还要准备一些过年走亲访友时赠送的礼品，小孩子要添置新衣新帽，准备过年时穿。

在节前要在住宅的大门上粘贴红纸黄字的新年寄语，也就是用红纸写成的春联。屋里张贴色彩鲜艳寓意吉祥的年画，心灵手巧的姑娘们剪出美丽的窗花贴在窗户上，门前挂大红灯笼或贴福字及财神、门神像等，福字还可以倒贴，路人一念福倒了，也就是福气到了，所有这些活动都是要为节日增添足够的喜庆气氛。

写春联

春节的另一名称叫过年。在过去的传说中，年是一种为人们带来坏运气的想象中的动物。年一来，树木凋敝，百草不生；年一过，万物生长，鲜花遍地。年如何才能过去呢？需用鞭炮轰，于是有了燃鞭炮的习俗，这其实也是烘托热闹场面的又一种方式。

春节是个欢乐祥和的节日，也是亲人团聚的日子，离家在外的孩子在过春节时都要回家欢聚。过年的前一夜，就是旧年的腊月三十夜，也叫除夕，又叫团圆夜，在这新旧交替的时候，守岁是最重要的年俗活动之一，除夕晚上，全家老小都一起熬年守岁，欢聚酣饮，共享天伦之乐，北方地区在除夕有吃饺子的习俗，饺子的做法是先和面，和字就是合；饺子的饺和交谐音，合和交有相聚之意，又取更岁交子之意。在南方有过年吃年糕的习惯，甜甜的黏黏的年糕，象征新一年生活甜蜜蜜、步步高。

待第一声鸡啼响起，或是新年的钟声敲过，街上鞭炮齐鸣，响声此起彼伏，家家喜气洋洋，新的一年开始了，男女老少都穿着节日盛装，先给家族中的长者拜年祝寿，节中还有给儿童压岁钱，吃团圆饭，初二、初三就开始走亲戚看朋友，相互拜年，道贺祝福，说些恭贺新禧、恭喜发财、过年好等话，以及祭祖等活动。

节日的热烈气氛不仅洋溢在各家各户，也充满各地的大街小巷，一些地方的街市上还有舞狮子、耍龙灯、演社火、游花市、逛庙会等习俗。这期间花灯满城，游人满街，热闹非凡，盛况空前，一直要闹到正月十五元宵节过后，春节才算真正结束了。

春节是汉族最重要的节日，但是满、蒙古、瑶、壮、白、高山、赫哲、哈尼、达斡尔、侗、黎等十几个少数民族也有过春节的习俗，只是过节的形式更有自己的民族特色，更韵味无穷。

春节俗称“年节”，是中华民族最隆重的传统佳节。自汉武帝太初元年始，以夏年（农历）正月初一为“岁首”（即“年”），年节的日期由此固定下来，延续至今。年节古称“元旦”。1911 年辛亥革命以后，开始采用公历（阳历）计年，遂称公历 1 月 1 日为“元旦”，称农历正月初一为“春节”。

岁时节日，亦被称为“传统节日”。它们历史悠久、流传面广，具有极大的普及性、群众性甚至全民性的特点。那么，春节为何成为中华民族最隆重的传统节日呢?年节是除旧布新的日子。年节虽定在农历正月初一，但年节的活动却并不止于正月初一这一天。从腊月二十三（或二十四日）小年节起，人们便开始“忙年”：扫房屋、洗头沐浴、准备年节器具，等等。所有这些活动，有一个共同的主题，即“辞旧迎新”。人们以盛大的仪式和热情，迎接新年，迎接春天!

年节也是祭祝祈年的日子。古人谓谷子一熟为一“年”，五谷丰收为“大有年”。西周初年，即已出现了一年一度的庆祝丰收的活动。后来，祭天祈年成了年俗的主要内容之一。而且，诸如灶神、门神、财神、喜神、井神等诸路神明，在年节期间，都备享人间香火。人们借此酬谢诸神过去的关照，并祈愿在新的一年中能得到更多的福佑。年节还是合家团圆、敦亲祀祖的日子。除夕，全家欢聚一堂，吃罢“团圆饭”，长辈给孩子分发“压岁钱”，一家人团坐“守岁”。元日子时交年时刻，鞭炮齐响，辞旧岁、迎新年的活动达于高潮。各家焚香致礼，敬天地、祭列祖，然后依次给尊长拜年，继而同族亲友互致祝贺。元日后，开始走亲访友，互送礼品，以庆新年。年节更是民众娱乐狂欢的节日。元日以后，各种丰富多彩的娱乐活动竞相开展：要狮子、舞龙灯、扭秧歌、踩高跷、杂要诸戏等，为新春佳节增添了浓郁的喜庆气氛。此时，正值“立春”前后，古时要举行盛大的迎春仪式，鞭牛迎春，祈愿风调雨顺、五谷丰收。各种社火活动到正月十五，再次形成高潮。

因此，集祈年、庆贺、娱乐为一体的盛典年节就成了中华民族最隆重的佳节。而时至今日，除祀神祭祖等活动比以往有所淡化以外，年节的主要习俗，都完好地得以继承与发展。

春节的由来与传说

传统意义上的春节是指从腊月初八的腊祭或腊月二十三的祭灶，一直到正月十五，其中以除夕和正月初一为高潮。在春节这一传统节日期间，我国的汉族和大多数少数民族都要举行各种庆祝活动，这些活动大多以祭祀神佛、祭奠祖先、除旧布新、迎禧接福、祈求丰年为主要内容。活动形式丰富多彩，带有浓郁的民族特色。

春节传说之一

话说古代有一只四角四足的恶兽——夕，因冬季大雪覆盖而短缺了食物常到附近的村庄里找吃的，因其身体庞大、脾气暴躁、凶猛异常，给村民带来了很大的灾难。每到腊月底，人们都整理衣物扶老携幼，到附近的竹林里躲避夕。

又是一年腊月底，大家准备出门躲避。一个聪明的孩子告诉大家：多砍一些竹节带着，今夜全村人都可以回家！在你们各家的门外挂一块红布，就好了，等到明天天亮之后夕就再也不会来了。乡亲们半信半疑地听着这个孩子的话，由村里的老者带着各自回了自己的家。

很快入夜了，村民们由于害怕“夕”会来没有人敢睡觉，除都在自家的门外悬挂了红布条之外，就来到村中间的空地上，守着一些从竹林里带回来的竹节。天气寒冷大家点了火堆取暖，饿了就拿些吃的出来……子夜，便听到一声震天的巨吼，大家恐惧地缩做一团。这时那个聪明的孩子突然间站出来告诉大家说："我去把它引来，然后大家就往火堆里扔我们守了一夜的碎竹节。"

果然，夕被孩子引来了，它看到家家门墙都挂着红红的布条就没敢进。这时孩子大声地说："乡亲们，往火里扔碎竹节啊！"大家这才反应过来，纷纷往火里扔起竹节。由于刚砍伐不久，湿湿的竹节遇到旺火纷纷爆裂，噼里啪啦地响了起来！夕听到这响声掉头鼠窜。

以后每年的腊月三十，大家都守着碎竹节等待着，希望早日除掉夕，后来演变成放爆竹、贴春联的习俗。"除夕"就是这么来的。

春节传说之二

万年创建历法说。相传，在古时候，有个名叫万年的青年，看到当时节令很乱，就有了把节令定准的打算。但是苦于找不到计算时间的方法，一天，他上山砍柴累了，坐在树荫下休息，树影的移动启发了他，他设计了一个测日影计天时的晷仪，测定一天的时间，后来，山崖上的滴泉启发了他的灵感，他又动手做了一个五层漏壶，来计算时间。天长日久，他发现每隔三百六十多天，四季就轮回一次，天时的长短就重复一遍。

当时的国君叫祖乙，也常为天气风云的不测感到苦恼。万年知道后，就带着日晷和漏壶去见皇上，对祖乙讲清了日月运行的道理。祖乙听后龙颜大悦，感到有道理。于是把万年留下，在天坛前修建日月阁，筑起日晷台和漏壶亭，并希望能测准日月规律，推算出准确的晨夕时间，创建历法，为天下的黎民百姓造福。

有一次，祖乙去了解万年测试历法的进展情况。当他登上日月坛时，看见天坛边的石壁上刻一首诗：

日出日落三百六，周而复始从头来。

草木枯荣分四时，一岁月有十二圆。

知道万年创建历法已成，亲自登上日月阁看望万年。万年指着天象，对祖乙说："现在正是十二个月满，旧岁已完，新春复始，祈请国君定个节吧。"祖乙说："春为岁首，就叫春节吧。"据说这就是春节的来历。

冬去春来，年复一年，万年经过长期观察，精心推算，制定出准确的太阳历，当他把太阳历呈奉给继任的国君时，已是满面银须。国君深为感动，为纪念万年的功绩，便将太阳历命名为"万年历"，封万年为日月寿星。以后，人们在过年时挂上寿星图，据说就是为了纪念德高望重的万年。

春节传说之三

贴春联和门神。据说贴春联的习俗，大约始于一千年前的后蜀时期，这是有史为证的。此外根据《玉烛宝典》《燕京岁时记》等著作记载，春联的原始形式就是人们所说的"桃符"。

在中国古代神话中，相传有一个鬼蜮的世界，当中有座山，山上有一棵覆盖三千里的大桃树，树梢上有一只金鸡。每当清晨金鸡长鸣的时候，夜晚出去游荡的鬼魂必赶回鬼蜮。鬼蜮的大门坐落在桃树的东北边，门边站着两个神人，名叫神荼、郁垒。如果鬼魂在夜间干了伤天害理的事情，神荼、郁垒就会立即发现并将它捉住，用芒苇做的绳子把它捆起来，送去喂虎。因而天下的鬼都畏惧神荼、郁垒。于是民间就用桃木刻成他们的模样，放在自家门口，以避邪防害。后来，人们干脆在桃木板上刻上神荼、郁垒的名字，认为这样做同样可以镇邪去恶。这种桃木板后来就被叫作“桃符”。

到了宋代，人们便开始在桃木板上写对联，一则不失桃木镇邪的意义，二则表达自己美好心愿，三则装饰门户，以求美观。又在象征喜气吉祥的红纸上写对联，新春之际贴在门窗两边，用以表达人们祈求来年福运的美好心愿。

为了祈求全家的福寿康宁，一些地方的人们还保留着贴门神的习惯。据说，大门上贴上两位门神，一切妖魔鬼怪都会望而生畏。在民间，门神是正气和武力的象征，古人认为，相貌出奇的人往往具有神奇的禀性和不凡的本领。他们心地正直善良，捉鬼擒魔是他们的天性和责任，人们所仰慕的捉鬼天师钟馗，即是此种奇形怪相。所以民间的门神永远都怒目圆睁、相貌狰狞，手里拿着各种传统的武器，随时准备同敢于上门来的鬼魅战斗。由于我国民居的大门通常都是两扇对开，所以门神总是成双成对。

春节习俗

春节是我国一个古老的节日，也是全年最重要的一个节日。如何庆贺这个节日，在千百年的历史发展中，形成了一些较为固定的风俗习惯，有许多还相传至今。

(1) 祭灶神

祭灶，是我国民间影响很大、流传极广的习俗。旧时，差不多家家灶间都设有“灶王爷”神位。传说他是玉皇大帝封的“九天东厨司命灶王府君”，负责管理各家的灶火，人们称这尊神为“司命菩萨”或“灶君司命”，被作为一家的保护神而受到崇拜。民谣中“二十三，糖瓜粘”，指的就是每年腊月二十三或二十四日的祭灶，有所谓“官三民四船家五”的说法，也就是官府在腊月二十三日，一般民家在二十四日，水上人家则在二十五日举行祭灶。

传说到了腊月二十三，灶王爷便要升天，向玉皇大帝禀报这家人一年的善恶，玉皇大帝根据灶王爷的汇报，再将这一家在新的一年中应该得到的吉凶祸福的命运交于灶王爷之手。送灶神的仪式称为“送灶”或“辞灶”，百姓供上红烛、糖瓜，以隆重的礼节送灶神上天，祈望灶神“上天言好事，下界降吉祥”。如今，农村很多地区还沿袭这种风俗。

(2) 扫尘

“腊月二十四，掸尘扫房子”，据《吕氏春秋》记载，我国在尧舜时代就有春节扫尘的风俗。按民间的说法，因“尘”与“陈”谐音，新春扫尘有“除陈布新”的含义，其用意是要把一切穷运、晦气统统扫出门。这一习俗寄托着人们破旧立新的愿望和辞旧迎新的祈求。每逢春节来临，家家户户都要打扫环境，清洗各种器具，拆洗被褥窗帘，洒扫六间庭院，掸拂尘垢蛛网，疏浚明渠暗沟。到处洋溢着欢欢喜喜搞卫生、干干净净迎新春的欢乐气氛。

(3) 贴春联

春联也叫门对、春贴、对联、对子、桃符等，它以工整、对偶、简洁、精巧的文字描绘时代背景，抒发美好愿望，是我国特有的文学形式。每逢春节，无论城市还是农村，家家户户都要精选一幅大红春联贴于门上，为节日增加喜庆气氛。这一习俗起于宋代，在明代开始盛行，到了清代，春联的思想性和艺术性都有了很大的提高，梁章矩编写的春联专著《槛联丛话》对楹联的起源及各类作品的特色都作了论述。

春联的种类比较多，依其使用场所，可分为门心、框对、横披、春条、斗方等。“门心”贴于门板上端中心部位；“框对”贴于左右两个门框上；“横披”贴于门楣的横木上；“春条”根据不同的内容，贴于相应的地方；“斗斤”也叫“门叶”，为正方菱形，多贴在家具、影壁中。

（4）贴窗花、“福”字

在民间人们还喜欢在窗户上贴上各种剪纸——窗花。窗花不仅烘托了喜庆的节日气氛，也集装饰性、欣赏性和实用性于一体。剪纸在我国是一种很普及的民间艺术，千百年来深受人们的喜爱，因它大多是贴在窗户上的，所以也被称其为“窗花”。窗花以其特有的概括和夸张手法将吉事祥物、美好愿望表现得淋漓尽致，将节日装点得红火富丽。

在贴春联的同时，一些人家要在屋门上、墙壁上、门楣上贴上大大小小的“福”字。春节贴“福”字，是我国民间由来已久的风俗。“福”字指福气、福运，寄托了人们对幸福生活的向往，对美好未来的祝愿。为了更充分地体现这种向往和祝愿，有的人干脆将“福”字倒过来贴，表示“幸福已到”“福气已到”。民间还将“福”字精描细做成各种图案，如寿星、寿桃、鲤鱼跳龙门、五谷丰登、龙凤呈祥等。

（5）贴年画

春节挂贴年画在城乡也很普遍，浓墨重彩的年画给千家万户平添了许多兴旺欢乐的喜庆气氛。年画是我国的一种古老的民间艺术，反映了人民朴素的风俗和信仰，寄托着他们对未来的希望。年画，也和春联一样，起源于“门神”。随着木板印刷术的兴起，年画的内容已不仅限于门神之类单调的主题，变得丰富多彩，在一些年画作坊中产生了《福禄寿三星图》《天官赐福》《五谷丰登》《六畜兴旺》《迎春接福》等经典的彩色年画，以满足人们喜庆祈年的美好愿望。我国年画有三个重要产地：苏州桃花坞，天津杨柳青和山东潍坊，形成了中国年画的三大流派，各具特色。

我国现今收藏最早的年画是南宋《随朝窈窕呈倾国之芳容》的木刻年画，画的是王昭君、赵飞燕、班姬和绿珠四位古代美人。民间流传最广的是一幅《老鼠娶亲》的年画。描绘了老鼠依照人间的风俗迎娶新娘的有趣场面。民国初年，上海郑曼陀将月历和年画二者结合起来。这是年画的一种新形式。这种合二而一的年画，后来发展成挂历，至今风靡全国。

(6) 接财神

这个习俗流行于北方地区，而且各地接财神的时间、仪式都有所不同。黑龙江、吉林等省是在除夕子夜接财神。

接财神前全家一起包饺子，一到子夜，主妇便下厨房煮饺子，此时屋门大开。男主人提灯走到户外，按皇历上说的财神所在方位去接财神，如这一年财神在正东，出门便向东走，适可而止，放下灯笼，点燃香烛，跪拜，然后回家。在家中庭院中设立供桌，点香放炮，男主人跪拜后，从户外走进室内，室内人齐声问："迎来财神了？"男主人要虔诚回答："迎来了！迎来财神了！"家中最小的孩子事先要躺在叠得高高的被子上，听到男主人问："小日子起来了吗？"孩子就坐起来高声回答："起来了，小日子起来了！"表示财神迎到家里来了。女主人把煮熟的饺子先捞出一碗来祭财神，然后把其余饺子放在饭桌上，全家欢欢喜喜吃过年饺子。

(7) 守岁

除夕守岁是最重要的年俗活动之一，守岁之俗由来已久。最早记载见于西晋周处的《风土志》：除夕之夜，相互赠送，称为"馈岁"；酒食相邀，称为"别岁"；长幼聚饮，祝颂完备，称为"分岁"；大家终夜不眠，以待天明，称曰"守岁"。

"一夜连双岁，五更分二天"，除夕之夜，全家团聚在一起，吃过年夜饭，点起蜡烛或油灯，围坐炉旁闲聊，等着辞旧迎新的时刻，通宵守夜，象征着把一切邪瘟病疫照跑驱走，期待着新的一年吉祥如意。这种习俗后来逐渐盛行。唐朝初期，唐太宗李世民写有“守岁”诗：“寒辞去冬雪，暖带人春风。”直到今天，人们还习惯在除夕之夜守岁迎新。

古时守岁有两种含义：年长者守岁为“辞旧岁”，有珍爱光阴的意思；年轻人守岁，是为延长父母寿命。自汉代以来，新旧年交替的时刻一般为夜半时分。

(8) 放爆竹

中国民间有“开门爆竹”一说。即在新的一年到来之际，家家户户开门的第一件事就是燃放爆竹，以哔哔叭叭的爆竹声除旧迎新。爆竹是中国特产，亦称“爆仗”“炮仗”“鞭炮”。其起源很早，至今已有两千多年的历史。放爆竹可以创造出喜庆热闹的气氛，是节日的一种娱乐活动，可以给人们带来欢愉和吉利。随着时间的推移，爆竹的应用越来越广泛，品种花色也日见繁多，每逢重大节日、喜事庆典，以及婚嫁、建房、开业等，都要燃放爆竹以示庆贺，图个吉利。现在，湖南浏阳、广东佛山和东尧、江西的宜春和萍乡、浙江温州等地区是我国著名的花炮之乡，生产的爆竹花色多，品质高，不仅畅销全国，而且还远销世界各地。

(9) 大拜年

新年的初一，人们都早早起来，穿上最漂亮的衣服，打扮得整整齐齐，出门走亲访友，相互拜年，恭祝来年大吉大利。拜年的方式多种多样，有的是同族长带领若干人挨家挨户地拜年；有的是同事相邀几个人去拜年；也有大家聚在一起相互祝贺，称为“团拜”。由于登门拜年费时费力，后来一些上层人物和士大夫便使用名帖相互投贺，由此发展出来后来的“贺年片”。

春节拜年时，晚辈要先给长辈拜年，祝长辈人长寿安康，长辈可将事先准备好的压岁钱分给晚辈，据说压岁钱可以压住邪祟，因为“岁”与“祟”谐音，晚辈得到压岁钱就可以平平安安度过一岁。压岁钱有两种，一种是以彩绳穿线编作龙形，置于床脚，此记载见于《燕京岁时记》；另一种是最常见的，即由家长用红纸包裹分给孩子的钱。压岁钱可在晚辈拜年后当众赏给，亦可在除夕夜孩子睡着时，由家长偷偷地放在孩子的枕头底下。现在长辈为晚辈分送压岁钱的习俗仍然盛行。

(10) 迎喜神

民间认为，每逢春节天上必降“喜神”。谁家迎到喜神，谁家全年就会万事如意。河南农村正月初一天未亮时就摆香案设供祭家神（祖宗），祭完三叩首。家主起身翻查历书看新年“喜神”将降临何方，于是打开大门，携香表、鞭炮径直朝那个方向迎去，途中不回头，凡遇上男女老少或飞禽走兽，均须焚化香表，长鸣鞭炮，叩头作揖，做完这一切转身回家，表示迎到了“喜神”，一年内将喜事不断。

(11) 逛庙会

庙会又叫“妙会”“庙市”或“节场”。早期庙会仅是一种隆重的祭祀活动，随着经济的发展和人们交流的需要，庙会在保持祭祀活动的同时，逐渐融入集市交易活动。随着人们的需要，又在庙会上增加娱乐性活动。于是过年逛庙会成为人们不可缺少的过年活动。在北京，每年的庙会宗教色彩越来越淡化，只偶有娱乐性的仿祭祀活动表演，更多的是“有会无庙”，公园、体育场、商场等都成了庙会的举办场所。历年北京庙会办得最红火，让人玩得最开心的地方要数白云观庙会、东岳庙庙会、地坛庙会、龙潭庙会以及朝阳公园洋庙会（即北京朝阳国际风情节）。

(12) 春节食俗

在古代的农业社会里，大约自腊月初八以后，家庭主妇们就要忙着张罗过年的食品了。因为腌制腊味所需的时间较长，所以必须尽早准备，我国许多省份都有腌腊味的习俗，其中又以广东省的腊味最为著名。

蒸年糕，年糕因为谐音“年高”，再加上有着变化多端的口味，几乎成了家家必备的应景食品。年糕的式样有方块状的黄、白年糕，象征着黄金、白银，寄寓新年发财的意思。

年糕的口味因地而异。北京人喜食江米或黄米制成的红枣年糕、百果年糕和白年糕。河北人则喜欢在年糕中加入大枣、小红豆及绿豆等一起蒸食。山西北部及内蒙古等地，过年时习惯吃黄米粉油炸年糕，有的还包上豆沙、枣泥等馅；山东人则用黄米、红枣蒸年糕。北方的年糕以甜为主，或蒸或炸，也有人干脆蘸糖吃。南方的年糕则甜咸兼具，例如苏州及宁波的年糕，以粳米制作，味道清淡。除了蒸、炸以外，还可以切片炒食或是煮汤。甜味的年糕以糯米粉加白糖、猪油、玫瑰、桂花、薄荷、素蓉等配料，做工精细，可以直接蒸食或是沾上蛋清油炸。

除夕之夜，无论相隔多远，工作有多忙，人们总希望回到自己家中，吃一顿团团圆圆的年夜饭。有时实在不能回家，家人们也总是为他留一个位子，留一副碗筷，表示与他团聚。这年夜饭也叫“合家欢”，是人们极为重视的家庭宴会。俗话说得好，打一千，骂一万，三十晚上吃顿饭。

按照我国民间的传统习惯，年夜饭的吃食很有讲究，通常有馄饨、饺子、长面、元宵，等等。

新年吃馄饨取其开初之意。传说盘古氏开天辟地，使“气之轻清上浮者为天，气之重浊下凝者为地”，结束了混沌状态，才有了宇宙四方。再则取“馄饨”与“浑囤”的谐音，意思是粮食满囤。饺子是我国的传统食品之一，也称作扁食或煮饽饽。古来只有馄饨而无饺子，后来将馄饨做成新月形就成了饺子。在唐代吃饺子的习惯已经传到我国的边远地区了。

真正过年的前一夜叫团圆夜，离家在外的游子都要不远千里万里赶回家来，全家人围坐在一起包饺子过年，饺子的做法是先和面做成饺子皮，再用皮包上馅，馅的内容五花八门，各种肉、蛋、海鲜、时令蔬菜等都可入馅。正统的饺子吃法，是清水煮熟，捞起后以调有醋、蒜末、香油的酱油为佐料蘸着吃；也有炸饺子、烙饺子（锅贴）等吃法。因为和面的“和”字就是“合”的意思；饺子的“饺”和“交”谐音，“合”和“交”又有相聚之意，所以用饺子象征团聚合欢；又取更岁交子之意，非常吉利；此外，饺子因为形似元宝，过年时吃饺子，也带有“招财进宝”的吉祥含义。一家大小聚在一起包饺子，话新春，其乐融融。十二点钟声一敲响，就开始吃饺子，因此时正是子时，取其新旧交替，子时来临之意。

长面，也叫长寿面，新年吃它，预祝寿长百年。古代的一切面食都叫做饼，所以汤面起初也叫汤饼，开始的面片不是擀成或压成的，而是将和好的面用手往锅里撕片片，和现在北方吃的“乌鸦头”“猴耳子”等做法差不多。到唐代以后开始用案板擀面，才逐渐有了长面、短面、干面、素面、荤面、挂面……

不少地方在吃年饭的时候还搭配些副食品，要想讨个吉利的口彩。吃枣（春来早），吃柿饼（事如意），吃杏仁（幸福来），吃豆腐（全家福），吃三鲜菜（三阳开泰），吃长生果（长生不老），吃年糕（年糕年糕，一年比一年高）……

当然，现在的年夜饭品种就更加丰富了，什么鸡鸭鱼肉、山珍海味，大约一年中能见到的最好的菜肴都摆上了餐桌。

元宵节简介

每年农历的正月十五，春节刚过，迎来的就是中国的传统节日——元宵节。正月是农历的元月，古人称夜为“宵”，所以称正月十五为元宵节。正月十五日是一年中第一个月圆之夜，也是一元复始，大地回春的夜晚，人们对此加以庆祝，也是庆贺新春的延续。

按中国民间的传统，在这天空皓月高悬的夜晚，人们要点起彩灯万盏，以示庆贺。出门赏月、燃灯放焰、喜猜灯谜、共吃元宵，合家团聚、同庆佳节，其乐融融。

元宵节也称灯节，元宵燃灯的风俗起自汉朝，到了唐代，赏灯活动更加兴盛，皇宫里、街道上处处挂灯，还要建立高大的灯轮、灯楼和灯树，唐朝大诗人卢照邻曾在《十五夜观灯》中这样描述元宵节燃灯的盛况："接汉疑星落，依楼似月悬。"

宋代更重视元宵节，赏灯活动更加热闹，赏灯活动要进行5天，灯的样式也很丰富。明代要连续赏灯10天，这是中国最长的灯节了。清代赏灯活动虽然只有3天，但是赏灯活动规模很大，盛况空前，除燃灯之外，还放烟花助兴。

"猜灯谜"又叫"打灯谜"，是元宵节后增的一项活动，出现在宋朝。南宋时，首都临安每逢元宵节时制迷、猜谜的人众多。开始时是好事者把谜语写在纸条上，贴在五光十色的彩灯上供人猜。因为谜语能启迪智慧又饶有兴趣，所以流传过程中深受社会各阶层的欢迎。

民间过元宵节有吃元宵的习俗。元宵由糯米制成，或实心，或带馅。馅有豆沙、白糖、山楂、各类果料等，食用时煮、煎、蒸、炸皆可。起初，人们把这种食物叫"浮圆子"，后来又叫"汤团"或"汤圆"，这些名称与"团圆"字音相近，取团圆之意，象征全家人团团圆圆，和睦幸福，人们也以此怀念离别的亲人，寄托了对未来生活的美好愿望。

一些地方的元宵节还有"走百病"的习俗，又称"烤百病""散百病"，参与者多为妇女，他们结伴而行或走墙边，或过桥，走郊外，目的是祛病除灾。

元宵灯节期间，是男女青年与情人相会的时机，所以元宵节又成了中国的"情人节"。

随着时间的推移，元宵节的活动越来越多，不少地方节庆时增加了耍龙灯、耍狮子、踩高跷、划旱船扭秧歌、打太平鼓等传统民俗表演。这个传承已有两千多年的传统节日，不仅盛行于海峡两岸，而且在海外华人的聚居区也年年欢庆不衰。

元宵节的由来与传说

元宵节是中国的传统节日，早在2000多年前的西汉就已产生，元宵赏灯始于东汉明帝时期，明帝提倡佛教，听说佛教有正月十五僧人观佛舍利，点灯敬佛的做法，就命令这一天夜晚在皇宫和寺庙里点灯敬佛，令士族庶民都挂灯。以后这种佛教礼仪节日逐渐形成民间盛大的节日。该节经历了由宫廷到民间，由中原到全国的发展过程。

在汉文帝时，已下令将正月十五定为元宵节。汉武帝时，“太一神”的祭祀活动定在正月十五（太一神，主宰宇宙一切之神）。司马迁创建“太初历”时，就已将元宵节确定为重大节日。

另有一说是元宵燃灯的习俗起源于道教的“三元说”：正月十五为上元节，七月十五为中元节，十月十五为下元节。主管上、中、下三元的分别为天、地、人三官，天官喜乐，故上元节要燃灯。

元宵节的节期与节俗活动，是随历史的发展而延长、扩展的。就节期长短而言，汉代才一天，到唐代已为三天，宋代则长达五天，明代更是自初八点灯，一直到正月十七的夜里才落灯，整整十天。与春节相接，白昼为市，热闹非凡，夜间燃灯，蔚为壮观。

特别是那精巧、多彩的灯火，更使其成为春节期间娱乐活动的高潮。至清代，又增加了舞龙、舞狮、跑旱船、踩高跷、扭秧歌等“百戏”内容，只是节期缩短为四到五天。

关于元宵节的来历，民间还有几种有趣的传说。

(1) 关于灯的传说

传说在很久以前，凶禽猛兽很多，四处伤害人和牲畜，人们就组织起来去打它们，有一只神鸟因为迷路而降落人间，却意外地被不知情的猎人给射死了。天帝知道后十分震怒，立即传旨，下令让天兵于正月十五到人间放火，把人间的人畜财产通通烧死。

天帝的女儿心地善良，不忍心看百姓无辜受难，就冒着生命危险，偷偷驾着祥云来到人间，把这个消息告诉了人们。众人听说了这个消息，有如头上响了一个惊雷。吓得不知如何是好，过了好久，才有位老人家想出个法子，他说：“在正月十四、十五、十六这三天，每户人家都在家里张灯结彩、点响爆竹、燃放烟火。这样一来，天帝就会以为人们都被烧死了。”

大家听了都点头称是，便分头准备去了。到了正月十五这天晚上，天帝往下一看，发觉人间一片红光，响声震天，连续三个夜晚都是如此，以为是大火燃烧的火焰，心中大快。人们就这样保住了自己的生命及财产。为了纪念这次成功，从此每到正月十五，家家户户都悬挂灯笼，放烟火来纪念这个日子。

另一个传说是元宵节为汉文帝时为纪念“平吕”而设。汉高祖刘邦死后，吕后之子刘盈登基为汉惠帝。惠帝生性懦弱，优柔寡断，大权渐渐落在吕后手中。汉惠帝病死后吕后独揽朝政把刘氏天下变成了吕氏天下，朝中老臣，刘氏宗室深感愤慨，但都惧怕吕后残暴而敢怒不敢言。

吕后病死后，诸吕惶惶不安害怕遭到伤害和排挤。于是，在上将军吕禄家中秘密集合，共谋作乱之事，以便彻底夺取刘氏江山。

此事传至刘氏宗室齐王刘囊耳中，刘囊为保刘氏江山，决定起兵讨伐诸吕，随后与开国老臣周勃、陈平取得联系，设计解除了吕禄，“诸吕之乱”终于被彻底平定。

平乱之后，众臣拥立刘邦的第二个儿子刘恒登基，称汉文帝。文帝深感太平盛世来之不易，便把平息“诸吕之乱”的正月十五定为与民同乐日，京城里家家张灯结彩，以示庆祝。从此，正月十五便成了一个普天同庆的民间节日——“闹元宵”。

(2) 东方朔与元宵姑娘

这一则传说与吃元宵的习俗有关，相传汉武帝有个宠臣名叫东方朔，他善良又风趣。

有一年冬天，下了几天大雪，东方朔就到御花园去给武帝折梅花。刚进园门，就发现有个宫女泪流满面准备投井。东方朔慌忙上前搭救，并问明她要自杀的原因。原来，这个宫女名叫元宵，家里还有双亲及一个妹妹。自从她进宫以后，就再也无缘和家人见面。

每年到了腊尽春来的时节，她就比平常更加思念家人，觉得不能在双亲跟前尽孝，不如一死了之。东方朔听了她的遭遇，深感同情，就向她保证，一定设法让她和家人团聚。

一天，东方朔出宫在长安街上摆了一个占卜摊。不少人都争着向他占卜求卦。不料，每个人所占所求，都是“正月十六火焚身”的签语。一时之间，长安里起了很大恐慌。

人们纷纷求问解灾的办法。东方朔就说：“正月十三日傍晚，火神君会派一位赤衣神女下凡查访，她就是奉旨烧长安的使者，我把抄录的偈语给你们，可让当今天子想想办法。”说完，便扔下一张红帖，扬长而去。老百姓拿起红帖，赶紧送到皇宫去禀报皇上。

汉武帝接过来一看，只见上面写着：“长安在劫，火焚帝阙，十五天火，焰红宵夜。”他心中大惊，连忙请来了足智多谋的东方朔。东方朔假意的想了一想，就说：“听说火神君最爱吃汤圆，宫中的元宵不是经常给你做汤圆吗？十五晚上可让元宵做好汤圆。万岁焚香上供，传令京都家家都做汤圆，一齐敬奉火神君。再传谕臣民一起在十五晚上挂灯，满城点鞭炮、放烟火，好像满城大火，这样就可以瞒过玉帝了。此外，通知城外百姓，十五晚上进城观灯，杂在人群中消灾解难。”武帝听后，十分高兴，就传旨照东方朔的办法去做。

到了正月十五日长安城里张灯结彩，游人熙来攘往，热闹非常。宫女元宵的父母也带着妹妹进城观灯。当他们看到写有“元宵”字样的大宫灯时，惊喜地高喊：“元宵！元宵！”元宵听到喊声，终于和家里的亲人团聚了。

如此热闹了一夜，长安城果然平安无事。汉武帝大喜，便下令以后每到正月十五都做汤圆供火神君，正月十五照样全城挂灯放烟火。因为元宵做的汤圆最好，人们就把汤圆叫元宵，这天叫作元宵节。

元宵节习俗

元宵节是中国的传统节日，全国各地都过此节，而且大部分地区的习俗是差不多的，但各地还有自己的特点。

（1）吃元宵

正月十五吃元宵，“元宵”作为食品，在我国由来已久。宋代，民间流行一种元宵节才吃的新奇食品，这种食品，最早叫“浮元子”，后称“元宵”，生意人还美其名曰“元宝”。元宵即“汤圆”，以白糖、玫瑰、芝麻、豆沙、黄桂、核桃仁、果仁、枣泥等为馅，用糯米粉包成圆形，可荤可素，风味各异。可汤煮、油炸、蒸食，有团圆美满之意。陕西的汤圆不是包的，而是在糯米粉中“滚”成的，或煮蒸或油炸，热热火火，团团圆圆。

（2）观灯

汉明帝永平年间（公元58—公元75），因明帝提倡佛法，适逢蔡愔从印度求得佛法归来，称印度摩喝陀国每逢正月十五，僧众云集瞻仰佛舍利，是参佛的吉日良辰．汉明帝为了弘扬佛法，下令正月十五夜在宫中和寺院“燃灯表佛”。此后，元宵放灯的习俗就由原来只在宫廷中举行而流传到民间。即每到正月十五，无论士族还是庶民都要挂灯，城乡通宵灯火辉煌。

元宵放灯的习俗，在唐代发展成为盛况空前的灯市，当时的京城长安已是拥有百万人口的世界大都市，社会富庶。在皇帝的亲自倡导下，元宵灯节办得越来越豪华。中唐以后，已发展成为全民性的狂欢节。唐玄宗（公元685—公元762）时的开元盛世，长安的灯市规模很大，燃灯五万盏，花灯花样繁多，皇帝命人做巨型的灯楼，广达20间，高150尺，金光璀璨，极为壮观。

宋代，元宵灯会无论在规模和灯饰的奇幻精美上都胜过唐代，而且活动更为民间化，民族特色更强。以后历代的元宵灯会不断发展，灯节的时间也越来越长。唐代的灯会是“上元前后各一日”，宋代又在十六之后加了两日，明代则延长到由初八到十八整整十天。

到了清代，满族入主中原，宫廷不再办灯会，民间的灯会却仍然壮观。日期缩短为五天，此活动一直延续到今天。

(3) 送孩儿灯

简称“送灯”，也称“送花灯”，即在元宵节前，娘家送花灯给新嫁女儿家，或一般亲友送给新婚不育之家，以求添丁吉兆，因为“灯”与“丁”谐音。这一习俗许多地方都有，陕西西安一带是正月初八到十五期间送灯，头年送大宫灯一对、有彩画的玻璃灯一对，希望女儿婚后吉星高照、早生麟子；如女儿怀孕，则除大宫灯外，还要送一两对小灯笼，祝愿女儿孕期平安。

另外，灯在中国台湾民间也具有光明与添丁的含义，点燃灯火有照亮前程之意，且闽南语灯与丁谐音代表生男孩，因此往昔元宵节妇女都会刻意在灯下游走，希望“钻灯脚生卵葩”（就是钻到灯下游走，好生男孩）。

(4) 迎紫姑

紫姑是民间传说中一个善良、贫穷的姑娘。正月十五，紫姑因穷困而死。百姓们同情她、怀念她，有些地方便出现了“正月十五迎紫姑”的风俗。每到这一天夜晚，人们用稻草、布头等扎成真人大小的紫姑肖像。妇女们纷纷站到紫姑常做活的厕所、猪圈和厨房旁边迎接她，像对待亲姐妹一样，拉着她的手，跟她说着贴心话，流着眼泪安慰她。情景十分生动，真实地反映了劳苦民众善良、忠厚、同情弱者的思想感情。

(5) 偷菜

流行于贵州省黄平一带苗族的偷菜节也是在每年农历正月十五举行。节日这天，姑娘们便成群结队去偷别人家的菜，严禁偷本家族的，也不能偷同性朋友家的，因为偷菜与她们的婚姻大事有关。所偷的菜仅限白菜，数量够大家吃一顿即可。偷菜不怕被发现，被偷的人家并不责怪。大家把偷来的菜集中在一起，做白菜宴。据说谁吃得最多，谁能早得意中人，同时所养的蚕最壮，吐出的丝也最好最多。

(6) 中国的情人节

元宵节也是一个浪漫的节日，元宵灯会在封建的传统社会中，也给未婚男女相识提供了一个机会。传统社会的年轻女孩不允许出外自由活动，但是过节却可以结伴出来游玩，元宵节赏花灯正好是一个交友的机会，未婚男女借着赏花灯顺便可以为自己物色对象。元宵灯节期间，又是男女青年与情人相会的时机。

在台湾，还有未婚女性在元宵夜偷摘葱或菜将会嫁到好丈夫的传统习俗，俗称：“偷挽葱，嫁好尪”“偷挽菜，嫁好婿”，希望婚姻美满的女孩，要在元宵之夜到菜园里偷摘葱或青菜，期待未来家庭幸福。唐代的灯市还出现乐舞百戏表演，成千上万的宫女、民间少女在灯火下载歌载舞，叫作行歌、踏歌。

欧阳修（生查子）云：“去年元夜时，花市灯如昼；月上柳梢头，人约黄昏后。”辛弃疾（青玉案）写道：“众里寻它千百度，蓦然回首，那人却在灯火阑珊处。”就是描述元宵夜的情境。而传统戏曲陈三和五娘就是在元宵节赏花灯时相遇而一见钟情的，乐昌公文与徐德言在元宵夜破镜重圆，《春灯谜》中宇文彦和影娘在元宵节定情。所以说元宵节也是中国的“情人节”。

（7）走百病

元宵节除了庆祝活动外，还有信仰性的活动。随着时间的推移，元宵节的活动越来越多，不少地方节庆时增加了耍龙灯、耍狮子、踩高跷、划旱船、扭秧歌、打太平鼓等活动。

正月十五元宵节还有一些已经失传的民间活动，这里列举二三。

古代有“七祭”，祭门、祭户是其中的两种。祭祀的方法很简单，把杨树枝插在门户上方，在盛有豆粥的碗里插上一双筷子，或者直接将酒肉放在门前。

（8）逐鼠

这项活动主要是对养蚕人家所说的。因为老鼠常在夜里把蚕大片大片地吃掉，人们听说正月十五用米粥喂老鼠，它就可以不吃蚕了。于是，这些人家在正月十五熬上一大锅黏糊糊的粥，有的还在上面盖上一层肉，将粥用碗盛好，放到老鼠出没的顶棚、墙角，边放嘴里还念念有词，诅咒老鼠再吃蚕宝宝就不得好死。

(9) 耍龙灯

“耍龙灯”也称“舞龙”，也叫“龙灯舞”。它是我国独具特色的传统民间娱乐活动。“耍龙灯”在我国汉代民间就已相当普遍。唐宋时期的“社火”“舞队”表演中，“耍龙灯”已是常见的表演形式。“耍龙灯”的表演，有“单龙戏珠”和“双龙戏珠”两种。在耍法上，各地风格不一，各具特色。

在艺术创作中，经过民间艺人的不断加工创造，“耍龙灯”已经发展成为一种形式完美、具有相当表演技巧和带有浪漫主义色彩的民间舞蹈艺术，深为广大群众喜闻乐见。

清明节简介

冬至后106天是清明节，清明节的前一天是寒食节，由于这两个节日相差一天，因此，后来两个节日就合并在一起了。清明，古称三月节，此时正逢大地回春，雨水充沛之时，杜牧的一首诗《清明》：“清明时节雨纷纷，路上行人欲断魂。借问酒家何处有，牧童遥指杏花村。”更是把清明的人、情、景写得生动逼真。

清明是我国的二十四节气之一。由于二十四节气比较客观地反映了一年四季气温、降雨、物候等方面的变化，所以古代劳动人民用它安排农事活动。《淮南子·天文训》中云：“春分后十五日，斗指乙，则清明风至。”按《岁时百问》的说法：“万物生长此时，皆清洁而明净，故谓之清明。”清明一到，气温升高，雨量增多，正是春耕春种的大好时节。故有“清明前后，点瓜种豆”“植树造林，莫过清明”的农谚。可见这个节气与农业生产有着密切的关系。

但是，清明作为节日，与纯粹的节气又有所不同。节气是我国物候变化、时令顺序的标志，而节日则包含着一定的风俗活动和某种纪念意义。

清明节是我国的传统节日，也是最重要的祭祀节日，是祭祖和扫墓的日子。扫墓俗称上坟，是祭祀死者的一种活动。汉族和一些少数民族大多都是在清明节扫墓。

按照旧的习俗，扫墓时，人们要携带酒食果品、纸钱等物品到墓地，将食物供祭在亲人墓前，再将纸钱焚化，为坟墓培上新土，折几枝嫩绿的新枝插在坟上，然后叩头行礼祭拜，最后吃掉酒食回家。唐代诗人杜牧的诗《清明》写出了清明节的特殊气氛。

清明节，又叫踏青节，按阳历来说，它是在每年的 4 月 4 日至 6 日之间，正是春光明媚草木吐绿的时节，也正是人们春游（古代叫踏青）的好时候，所以古人有清明踏青，并开展一系列体育活动的习俗。直到今天，清明节祭拜祖先、悼念已逝的亲人的习俗仍很盛行。

清明节的由来与传说

我国传统的清明节大约始于周代，已有两千五百多年的历史。清明最开始是一个很重要的节气。后来，由于清明与寒食的日子接近，而寒食是民间禁火扫墓的日子，渐渐地，寒食与清明就合二为一了，而寒食既成为清明的别称，也成为清明时节的一个习俗，清明之日不动烟火，只吃凉的食品。

关于寒食，有这样一传说。相传春秋战国时期，晋献公的妃子骊姬为了让自己的儿子奚齐继位，就设毒计谋害太子申生，申生被逼自杀。申生的弟弟重耳，为了躲避祸害，流亡出走。在流亡期间，重耳受尽了屈辱。原来跟着他一道出奔的臣子，大多陆陆续续地各奔出路去了。只剩下少数几个忠心耿耿的人，一直追随着他。其中一人叫介子推。

有一次，重耳饿晕过去。介子推为了救重耳，从自己腿上割下了一块肉，用火烤熟了就送给重耳吃。十九年后，重耳回国做了君主，就是著名春秋五霸之一的晋文公。

晋文公执政后，对那些和他同甘共苦的臣子大加封赏，唯独忘了介子推。有人在晋文公面前为介子推叫屈。晋文公猛然忆起旧事，心中有愧，马上差人去请介子推上朝受赏封官。可是，差人去了几趟，介子推都不来。晋文公只好亲自去请。可是，当晋文公来到介子推家时，只见大门紧闭。介子推不愿见他，已经背着老母躲进了绵山（今山西介休县东南）。晋文公便让他的御林军上绵山搜索，没有找到。于是，有人出了个主意说，不如放火烧山，三面点火，留下一方，大火起时介子推会自己走出来的。晋文公乃下令举火烧山，孰料大火烧了三天三夜，大火熄灭后，终究不见介子推出来。上山一看，介子推母子俩抱着一棵烧焦的大柳树已经死了。晋文公望着介子推的尸体哭拜一阵，然后安葬遗体，发现介子推脊梁堵着个柳树树洞，洞里好像有什么东西。掏出一看，原来是片衣襟，上面题了一首血诗：

割肉奉君尽丹心，但愿主公常清明。
柳下作鬼终不见，强似伴君作谏臣。
倘若主公心有我，忆我之时常自省。
臣在九泉心无愧，勤政清明复清明。

晋文公将血书藏入袖中，然后把介子推和他的母亲分别安葬在那棵烧焦的大柳树下。

为了纪念介子推，晋文公下令把绵山改为“介山”，在山上建立祠堂，并把放火烧山的这一天定为寒食节，晓谕全国，每年这天禁忌烟火，只吃寒食。

走时，他伐了一段烧焦的柳木，到宫中做了双木屐，每天望着它叹道：“悲哉足下。”“足下”是古人下级对上级或同辈之间相互尊敬的称呼，据说就是来源于此。

第二年，晋文公领着群臣，素服徒步登山祭奠，表示哀悼。行至坟前，只见那棵老柳树复活，绿枝千条，随风飘舞。晋文公望着复活的老柳树，像看见了介子推一样。他敬重地走到跟前，珍爱地掐下一枝，编了一个圈儿戴在头上。祭扫后，晋文公把复活的老柳树赐名为"清明柳"，又把这天定为清明节。

以后，晋文公常把血书袖在身边，作为鞭策自己执政的座右铭。他勤政清明，励精图治，把国家治理得很好。

此后，晋国的百姓得以安居乐业，对有功不居、不图富贵的介子推非常怀念。每逢他死的那天，大家禁用烟火来表示纪念。还用面粉和着枣泥，捏成燕子的模样，用杨柳条串起来，插在门上，召唤他的灵魂，这东西叫"之推燕"（介子推亦作介之推）。此后，寒食、清明成了全国百姓的隆重节日。每逢寒食，人们即不生火做饭，只吃寒食。

在北方，老百姓只吃事先做好的寒食如枣饼、麦糕等；在南方，则多为青团和糯米糖藕。每届清明，人们把柳条编成圈儿戴在头上，把柳条枝插在房前屋后，以示怀念。

清明节习俗

清明节的习俗是丰富有趣的，除了讲究禁火、扫墓，还有踏青、荡秋千、蹴鞠、打马球、插柳等一系列风俗活动。相传这是因为清明节要寒食禁火，为了防止寒食冷餐伤身，所以大家来参加一些体育活动，以锻炼身体。因此，这个节日中既有祭扫新坟生别死离的悲酸泪，又有踏青游玩的欢笑声，是一个极富特色的节日。

（1）荡秋千

这是我国古代清明节习俗。秋千，意即揪着皮绳而迁移。它的历史很古老，最早叫千秋，后为了避忌讳，改为秋千。古时的秋千多用树枝为架，再栓上彩带做成。后来逐步发展为用两根绳索加上踏板的秋千。荡秋千不仅可以增进健康，而且可以培养勇敢精神，至今为人们特别是儿童所喜爱。

（2）蹴鞠

鞠是一种皮球，球皮用皮革做成，球内用毛塞紧。蹴鞠，就是用足去踢球。这是古代清明节时人们喜爱的一种游戏。相传是黄帝发明的，最初目的是用来训练武士的。

(3) 踏青

踏青又叫春游。古时叫探春、寻春等。三月清明，春回大地，自然界到处呈现一派生机勃勃的景象，正是郊游的大好时光。我国民间长期保持着清明踏青的习惯。

(4) 植树

清明前后，春阳照临，春雨飞洒，种植树苗成活率高，成长快。因此，自古以来，我国就有清明植树的习惯。有人还把清明节叫作"植树节"。植树风俗一直流传至今。1979 年，人大常委会规定，每年 3 月 12 日为我国植树节。这对动员全国各族人民积极开展绿化祖国活动，有着十分重要的意义。

(5) 放风筝

放风筝也是清明时节人们所喜爱的活动。每逢清明时节，人们不仅白天放，夜间也放。夜里在风筝下或风筝拉线上挂上一串串彩色的小灯笼，像闪烁的明星，被称为"神灯"。过去，有的人把风筝放上蓝天后，便剪断牵线，任凭清风把它们送往天涯海角，据说这样能除病消灾，给自己带来好运。

端午节简介

农历五月初五，是中国民间的传统节日——端午节，它是中华民族古老的节日之一。端午也称端五、端阳。此外，端午节还有许多别称，如午日节、重五节、五月节、浴兰节、女儿节、天中节、地腊、诗人节、龙日，等等。虽然名称不同，但总体来说，各地人民过节的习俗还是同多于异的。

过端午节，是中国人两千多年来的传统习惯，由于地域广大，民族众多，加上许多故事传说，于是不仅产生了众多相异的节名，而且各地也有着不尽相同的习俗。其内容主要有：女儿回娘家，挂钟馗像，迎鬼船、躲午，帖午叶符，悬挂菖蒲、艾草，游百病，佩香囊，备牲醴，赛龙舟，比武，击球，荡秋千，给小孩涂雄黄，饮用雄黄酒、菖蒲酒，吃五毒饼、咸蛋、粽子和时令鲜果等，除了有迷信色彩的活动渐已消失外，其余至今流传在中国各地及邻近诸国。有些活动，如赛龙舟，已得到新的发展，突破了时间、地域界限，成为了国际性的体育赛事。

关于端午节的由来，说法甚多，诸如纪念屈原说，纪念伍子胥说，纪念曹娥说，起于三代夏至节说，恶月恶日驱避说，百越民族图腾祭说，等等。以上各说，各本其源。据学者闻一多先生的《端午考》和《端午的历史教育》列举的百余条古籍记载及专家考古考证，端午的起源，是中国古代南方吴越民族举行图腾祭的节日，比屈原更早。但千百年来，屈原的爱国精神和感人诗辞，已广泛深入人心，故人们“惜而哀之，世论其辞，以相传焉”，因此，纪念屈原之说，影响最广最深，占据主流地位。在民俗文化领域，中国民众把端午节的龙舟竞渡和吃粽子等，都与纪念屈原联系在一起。

时至今日，端午节仍是中国人民一个十分盛行的隆重节日。

端午节的由来与传说

端午节是古老的传统节日，始于中国的春秋战国时期，至今已有2000多年历史。端午节的由来与传说很多，这里仅介绍以下四种。

（1）纪念屈原

据《史记》“屈原贾生列传”记载，屈原，是春秋时期楚怀王的大臣。他倡导举贤授能，富国强兵，力主联齐抗秦，遭到贵族子兰等人的强烈反对，屈原遭馋去职，被赶出都城，流放到沅、湘流域。他在流放中，写下了忧国忧民的《离骚》《天问》《九歌》等不朽诗篇，独具风貌，影响深远（因而，端午节也称诗人节）。公元前278年，秦军攻破楚国京都。屈原眼看自己的祖国被侵略，心如刀割，但是始终不忍舍弃自己的祖国，于五月五日，在写下了绝笔作《怀沙》之后，抱石投汨罗江身死，以自己的生命谱写了一曲壮丽的爱国主义乐章。

传说屈原死后，楚国百姓哀痛异常，纷纷涌到汨罗江边去凭吊屈原。渔夫们划起船只，在江上来回打捞他的真身。有位渔夫拿出为屈原准备的饭团、鸡蛋等食物，“扑通、扑通”地丢进江里，说是让鱼龙虾蟹吃饱了，就不会去咬屈大夫的身体了，人们见后纷纷仿效。一位老医师则拿来一坛雄黄酒倒进江里，说是要药晕蛟龙水兽，以免伤害屈大夫。后来为怕饭团被蛟龙所食，人们想出用楝树叶包饭，外缠彩丝的办法，后来发展成粽子。

此后，在每年的五月初五，就有了龙舟竞渡、吃粽子、喝雄黄酒的风俗，以此来纪念爱国诗人屈原。

(2) 纪念伍子胥

端午节的第二个传说，在江浙一带流传很广，是纪念春秋时期的伍子胥。伍子胥名员，楚国人，父兄均为楚王所杀，后来子胥弃暗投明，奔向吴国，助吴伐楚，五战而入楚都郢城。当时楚平王已死，子胥掘墓鞭尸三百，以报杀父兄之仇。吴王阖庐死后，其子夫差继位，吴军士气高昂，百战百胜，越国大败，越王勾践请和，夫差许之。子胥建议，应彻底消灭越国，夫差不听，吴国大宰受越国贿赂，谗言陷害子胥，夫差信之，赐子胥宝剑，子胥以此死。子胥本为忠良，视死如归，在死前对邻舍人说：“我死后，将我眼睛挖出悬挂在吴京之东门上，以看越国军队入城灭吴。”随后便自刎而死，夫差闻言大怒，令取子胥之尸体装在皮革里于五月五日投入大江，因此相传端午节亦为纪念伍子胥之日。

(3) 纪念孝女曹娥

端午节的第三个传说，是为纪念东汉孝女曹娥救父投江。曹娥是东汉上虞人，父亲溺于江中，数日不见尸体，当时孝女曹娥年仅十四岁，昼夜沿江号哭。过了十七天，在五月五日也投江，五日后抱出父尸。就此传为神话，继而相传至县府知事，令度尚为之立碑，让他的弟子邯郸淳作诔辞颂扬。

孝女曹娥之墓，在今浙江绍兴，后传曹娥碑为晋王义所书。后人为纪念曹娥的孝节，在曹娥投江之处兴建曹娥庙，她所居住的村镇改名为曹娥镇，曹娥殉父之处定名为曹娥江。

(4) 百越民族图腾祭

近代大量出土文物和考古研究证实：长江中下游广大地区，在新石器时代，有一种几何印纹陶为特征的文化遗存。该遗存的族属，据专家推断是一个崇拜龙的图腾的部族——史称百越族。出土陶器上的纹饰和历史传说示明，他们有断发文身的习俗，生活于水乡，自比是龙的子孙。其生产工具，大多是石器，也有铲、凿等小件的青铜器。作为生活用品的坛坛罐罐中，烧煮食物的印纹陶鼎是他们所特有的族群标志之一。直到秦汉时代尚有百越人，端午节就是他们用于祭祖的节日。在数千年的历史发展中，大部分百越人已经融合到汉族中，其余部分则演变为南方许多少数民族。因此，端午节成了全中华各民族的节日。

端午节习俗

我国民间过端午节是较为隆重的，庆祝的活动也各种各样，比较普遍的活动有以下几种形式。

(1) 赛龙舟

赛龙舟，是端午节的主要习俗。相传起源于古时楚国人因舍不得贤臣屈原投江死去，许多人划船追赶拯救。他们争先恐后，追至洞庭湖时不见踪迹。之后每年五月五日划龙舟以纪念之。借划龙舟驱散江中之鱼，以免鱼吃掉屈原的身体。竞渡之习，盛行于吴、越、楚。

其实，“龙舟竞渡”早在战国时代就有了。在急鼓声中划刻成龙形的独木舟，做竞渡游戏，以娱神与乐人，是祭仪中半宗教性、半娱乐性的节目。

民间“竞渡”游艺是很盛行的，以至于连皇宫都在玩这种游戏。据说，汉武帝为了训练水军，特意修建了昆明池，后来的汉昭帝竟把划船作为一种比赛项目。能把赛船当成一种赛事，可见当时“竞渡”的流行程度。

大概是在唐朝的时候，赛龙舟的活动才正式在端午这天举行。比赛时，岸上挤满了观众，而且充满了叫喊声、欢呼声、锣鼓声，各个龙舟齐头并进，破浪最快冲到对岸的船，就算胜出。这在《旧唐书·杜亚传》中有所记载。

到了宋代，龙舟比赛更为普及，甚至连帝王也鼓励自己的水军士兵来组织划船比赛。像宋真宗就曾在金明池，举行过一场划船比赛，获胜者还能得到皇帝的重赏。宋代的《中天戏水图》就把赛龙舟的盛况描绘得淋漓尽致。

虽然宋代普及了龙舟竞技，但也没有发展为每年必须举办的程度，但到了明清，人们每年都要举办一场盛大的“龙舟竞渡”。在每年的五月初一就开始比赛，一直到五月初五一共举行五日。每次参赛的龙舟有15艘之多，而且每艘船都有将近八丈长，龙舟上承载着50多名船员，大家都上穿红衣绿衫，下穿短裙。比赛的规模异常宏大、壮观。

江浙地区划龙舟，兼有纪念当地出生的近代女民主革命家秋瑾的目的。夜龙船上，张灯结彩，来往穿梭，水上水下，情景动人，别具情趣。贵州苗族人民在农历五月二十五至二十八举行“龙船节”，以庆祝插秧胜利和预祝五谷丰登。云南傣族同胞则在泼水节赛龙舟，纪念古代英雄岩红窝。不同民族、不同地区，划龙舟的传说有所不同。直到今天在南方的不少临江河湖海的地区，每年端午节都要举行富有自身特色的龙舟竞赛活动。

清乾隆二十九年（1736年），台湾开始举行龙舟竞渡。当时台湾知府蒋元君曾在台南市法华寺半月池主持友谊赛。现在台湾每年五月五日都举行龙舟竞赛。在香港，也举行竞渡。

此外，划龙舟也先后传入邻国日本、越南以及英国。1980年，赛龙舟被列入中国国家体育比赛项目，并每年举行“屈原杯”龙舟赛。

1991年6月16日（农历五月初五），在屈原的第二故乡中国湖南岳阳市，举行首届国际龙舟节。在竞渡前，举行了既保存传统仪式又注入新的现代因素的“龙头祭”。“龙头”被抬人屈子祠内，由运动员给龙头“上红”（披红带）后，主祭人宣读祭文，并为龙头“开光”（即点睛）。然后，参加祭龙的全体人员三鞠躬，龙头即被抬去汨罗江，奔向龙舟赛场。此次参加比赛、交易会和联欢活动的多达60余万人，可谓盛况空前。尔后，湖南便定期举办国际龙舟节。

（2）吃粽子

端午节吃粽子，这是中国人的又一传统习俗。粽子，又叫“角黍”“筒粽”。其由来已久，花样繁多。

据记载，早在春秋时期，用菰叶（茭白叶）包黍米成牛角状，称“角黍”；用竹筒装米密封烤熟，称“筒粽”。东汉末年，以草木灰水浸泡黍米，因水中含碱，用菰叶包黍米成四角形，煮熟，成为广东碱水粽。为什么后来又用艾叶或苇叶、荷叶包粽子呢?《初学记》中有这样的记载：汉代建武年间，长沙人晚间梦见一人，自称是三闾大夫（屈原的官名），对他说：“你们祭祀的东西，都被江中的蛟龙偷去了，以后可用艾叶包住，将五色丝线捆好，蛟龙最怕这两样东西。”于是，人们便以“菰叶裹黍”，做成“角黍”。世代相传，逐渐发展为我国端午节食品。

晋代，粽子被正式定为端午节的食品。这时，包粽子的原料除糯米外，还添加中药益智仁，煮熟的粽子称“益智粽”。时人周处《岳阳风土记》记载：“俗以菰叶裹黍米……煮之，合烂熟，于五月五日至夏至啖之，一名粽，一名黍。”南北朝时期，出现杂粽。米中掺杂禽兽肉、板栗、红枣、赤豆等，品种增多。粽子还可用作交往的礼品。

到了唐代，粽子的用米，已“白莹如玉”，其形状出现锥形、菱形。日本文献中就记载有“大唐粽子”。宋朝时，已有“蜜饯粽”，即果品入粽。诗人苏东坡有“时于粽里见杨梅”的诗句。这时还出现用粽子堆成楼台亭阁、木车牛马作的广告，说明宋代吃粽子已很时尚。元、明时期，粽子的包裹料已从菰叶变革为箬叶，后来又出现用芦苇叶包的粽子，附加料已出现豆沙、猪肉、松子仁、枣子、胡桃等，品种更加丰富多彩。

清代乾隆皇帝，端午节在宫中吃了九子粽后，龙颜大喜，赞不绝口，欣然赋诗一首：“四时花竟巧，九子粽争新。”九子粽：是粽子的一种，即为九只粽连成一串，有大有小，大的在上，小的在下，形状各异，非常好看，并且由九种颜色的丝线扎成，五彩缤纷。九子粽大多是作为馈赠亲友的礼物，如母亲送给出嫁的女儿，婆婆送给新婚的儿媳等，因为“粽子”谐音“中子”，民间有吃了“粽子”能得儿子的风俗，故“九子粽”便是多子多福的象征。清代诗人吴曼云，也写有一首赞美九子粽的诗篇：“裹就连筒米宿春，九子彩缕扎重重，青菰褪尽云肤白，笑说厨娘藕复松。”

一直到今天，每年五月初，中国百姓家家都要浸糯米、洗粽叶、包粽子，其花色品种更为繁多。从馅料看，北方多包小枣的北京枣粽；南方则有豆沙、鲜肉、火腿、蛋黄等多种馅料，其中以浙江嘉兴粽子为代表。吃粽子的风俗，千百年来，在中国盛行不衰，而且流传到朝鲜、日本及东南亚诸国。

(3) 吃茶蛋、腌蛋

鸡蛋、鸭蛋是许多地方端午节的重要食品，安徽太湖、江西南昌地区，端午节就要煮茶蛋和盐水蛋吃。蛋壳涂上红色，用五颜六色的网袋装着，挂在小孩子的脖子上，祝福孩子逢凶化吉，平安无事。

浙江、山东等地，每逢端午节家里的主妇清晨就将事先准备好的大蒜和鸡蛋放在一起煮，供一家人早餐食用。有的地方，还在煮大蒜和鸡蛋时放几片艾叶，认为吃了可以明目。在曲阜、邹县一带，称鸡蛋为“龙蛋”。在河南，主妇们早上将鸡蛋煮熟后，放在孩子的肚皮上滚几下，然后去壳让孩子吃掉。据说这样可以免除孩子的灾祸，日后孩子也不会犯肚疼病。

(4) 采百药

采百药又叫“采百草”。农历五月正是天气炎热、疾病多发的季节，很多毒蛇害虫繁殖活跃起来，容易给人造成危害。为了防御疾病，保持健康，到了端午之时，人们便要遍寻百草，采集药材。《清嘉录》介绍了苏州“采百草”的习俗：士人采百草之可疗疾者，留以供药饵，俗称“草头方”。药市收癞蛤蟆，刺取其沫，谓之“蟾酥”，为修合丹丸之用，率以万计。人家小儿女之未痘者，以水畜养癞蛤蟆五个或七个，俟其吐沫。过午，取水煎汤浴之，令痘疮稀。

《吴郡岁华纪丽》中说：“今吴俗，亦于午日，采百草之可疗疾者……又收蜈蚣蛇虺，皆以备攻毒之用。”南宋吴自牧《梦粱录·五月》中提到：“此日采百草或修制药品，以为辟瘟疾等用，藏之果有灵验。”采来的草药除在端午节用于饮食、沐浴、薰烟和门饰外，还会在晒干后收藏备用。

(5) 佩香囊

端午节小孩佩香囊，传说有避邪驱瘟之意，实际是用于襟头点缀装饰。香囊内有朱砂、雄黄、香药，外包以丝布，清香四溢，再以五色丝线弦扣成索，作各种不同形状，结成一串，形形色色，玲珑可爱。

(6) 悬艾叶菖蒲

民谚说："清明插柳，端午插艾。"在端午节，人们把插艾叶和菖蒲作为重要内容之一。家家都洒扫庭除，以菖蒲、艾叶插于门楣，悬于堂中。并用菖蒲、艾叶、榴花、蒜头、龙船花，制成人形或虎形，称为艾人、艾虎；制成花环、佩饰，美丽芬芳，妇人争相佩戴，用以驱瘴。

艾，又名家艾、艾蒿。它的茎、叶都含有挥发性芳香油。它所产生的奇特芳香，可驱蚊蝇、虫蚁，净化空气。中医学上以艾叶入药，有理气血、暖子宫、祛寒湿的功能。将艾叶加工成"艾绒"，是灸法治病的重要药材。

菖蒲是多年生水生草本植物，它狭长的叶片也含有挥发性芳香油，是提神通窍、健骨消滞、杀虫灭菌的药物。

可见，古人插艾叶和菖蒲是有一定防病作用的。端午节也是自古相传的"卫生节"，人们在这一天洒扫庭院，挂艾枝，悬菖蒲，洒雄黄水，饮雄黄酒，激浊除腐，杀菌防病。这些活动也反映了中华民族的优良传统。端午节上山采药，则是我国各个民族共同的习俗。

七夕节简介

在我国，农历七月初七的夜晚，天气温暖，草木飘香，是人们俗称的七夕节，也有人称之为“乞巧节”或“女儿节”，这是中国传统节日中最具浪漫色彩的一个节日，也是过去姑娘们最为重视的日子。

在晴朗的夏秋之夜，天上繁星闪耀，一道白茫茫的银河横贯南北，银河的东西两岸，各有一颗闪亮的星星，隔河相望，遥遥相对，那就是牵牛星和织女星。

七夕坐看牵牛织女星，是民间的习俗相传，在每年的这个夜晚，是天上织女与牛郎在鹊桥相会之时。织女是一个美丽聪明、心灵手巧的仙女，凡间的妇女便在这一天晚上向她乞求智慧和巧艺，也少不了向她求赐美满姻缘，所以七月初七也被称为乞巧节。

人们传说在七夕的夜晚，抬头可以看到牛郎织女在银河相会，或在瓜果架下可偷听到两人在天上相会时的脉脉情话。

女孩们在这个充满浪漫气息的晚上，对着天空的朗朗明月，摆上时令瓜果，朝天祭拜，乞求天上的女神能赋予她们聪慧的心灵和灵巧的双手，让自己的针织女红技法娴熟，更乞求爱情婚姻的姻缘巧配。

过去婚姻对于女性来说是决定一生幸福与否的终身大事，所以，世间无数的有情男女都会在这个晚上，夜深人静的时刻，对着星空祈祷自己的姻缘美满。

七夕节的由来与传说

七夕由星名衍变而来。最早记载见于《夏小正》：“七月，初昏，织女正东向。”汉代出现描写牛郎织女故事的雏形。《古诗十九首》有“迢迢牵牛星，皎皎河汉女……盈盈一水间，脉脉不得语”的句子，《淮南子》上还出现了“乌鸦填河成桥而渡织女”的传说。民间已有七夕看织女星和穿针、晒衣服的习俗。晋代葛洪《西京杂记》中说：“汉彩女常以七月七日穿七孔针于开襟楼，俱以习之。”当时太液池西边建有“曝衣楼”，专供宫女七月七日晾晒衣服之用。到晋代时，民间出现了向牛女二神祈求赐福的活动，是“乞巧”活动的萌芽。

后来的唐宋诗词中，妇女乞巧也被屡屡提及，唐朝王建有诗说“阑珊星斗缀珠光，七夕宫娥乞巧忙”。据《开元天宝遗事》记载：唐太宗与妃子每逢七夕在清宫夜宴，宫女们各自乞巧，这一习俗在民间也经久不衰，代代延续。

宋元之际，七夕乞巧相当隆重，京城中还设有专卖乞巧物品的市场，世人称为乞巧市。宋罗烨、金盈之辑《醉翁谈录》说："七夕，潘楼前买卖乞巧物。自七月一日，车马嗔咽，至七夕前三日，车马不通行，相次壅遏，不复得出，至夜方散。"在这里，从乞巧市购买乞巧物的盛况，就可以推知当时七夕乞巧节的热闹景象。人们从七月初一就开始办置乞巧物品，乞巧市上车水马龙、人流如潮，到了临近七夕的时日乞巧市上简直成了人的海洋，车马难行，观其风情，似乎不亚于最盛大的节日——春节，这说明乞巧节是古人最为喜欢的节日之一。

关于牛郎织女的传说：七夕节始终和牛郎织女的传说相连，这是一个美丽的、千古流传的爱情故事，成为我国四大民间爱情传说之一。

相传是牛郎和织女的忠贞爱情感动了天上的喜鹊，千万只喜鹊飞来，搭成鹊桥，让牛郎织女走上鹊桥相会，王母娘娘只好允许两人在每年七月七日在鹊桥上相会。后来，每到农历七月七，相传牛郎织女鹊桥相会的日子，姑娘们就会来到花前月下，抬头仰望星空，寻找银河两边的牛郎星和织女星，希望能看到他们一年一度的相会，乞求上天能让自己像织女那样心灵手巧，祈祷自己能有如意称心的美满婚姻，由此形成了七夕节。

七夕节习俗

七夕节也有很多习俗，下面一一介绍。

(1) 乞巧

乞巧活动是七夕节最普遍的习俗。在浙江杭州、宁波、温州等地，这天用面粉制成各种小型物状，用油煎炸后称“巧果”，晚上在庭院内陈列巧果、莲蓬、白藕、红菱等。女孩对月穿针，以祈求织女能赐以巧技，或者捕蜘蛛一只，放在盒中，第二天开盒如已结网称为得巧。在山东济南、惠民、高青等地的乞巧活动比较简单，只是陈列瓜果乞巧，如有喜蛛结网于瓜果之上，就意味着乞得巧了。而鄄城、曹县、平原等地吃乞巧饭的风俗十分有趣：七个要好的姑娘集粮集菜包饺子，把一枚铜钱、一根针和一个红枣分别包到三个水饺里，乞巧活动以后，她们聚在一起吃水饺，传说吃到钱的有福，吃到针的手巧，吃到枣的早婚。

陕西的女孩子要用稻草扎成一米多高的“巧姑”（又叫巧娘，即织女）形象，并让它穿上女孩子的绿袄红裙，坐在庭院里；女孩子们供上瓜果，并端出事先种好的豆芽、葱芽，剪下一截，放入一碗清水中，浮在水面上，看月光下的芽影，以占卜巧拙；并穿针引线，竞争快慢；举行剪窗花比赛，以争智巧。

福建的姑娘不仅乞巧，还有乞子、乞寿、乞美和乞求爱情。玩的乞巧游戏有两种：一种是“卜巧”，即用卜具问自己是巧是笨；另一种是赛巧，即谁穿针引线快，谁就得巧，慢的称“输巧”，“输巧”者要将事先准备好的礼物送给得巧者。

(2) 取水沐浴

广西有的地方，传说七月七日这天，仙女要下凡洗澡，喝其洗澡水可避邪治病延寿。此水名“双七水”。人们在这天鸡鸣时，争先恐后地到河边取水，取回后用新瓮盛起来，待日后饮用。

清代道光年间（公元1821—公元1851），《西宁县志》记述七夕之水：“五更汲井华水或河水贮之，以备用。”《苍梧县志》云：“取河水、井水贮瓮，经久不变味，谓之‘银河水’。”《贵县志》记：“汲河水贮藏瓮中，名曰‘七月七水’，中热毒者每以之调药。”《阳江县志》记：“正午时，取新汲井水贮之，以备和药，经岁不腐，谓之‘神仙水’。”《罗定志》记七夕水说：“是日汲水，谓之‘天孙圣水’，以备醯酱、药饵之用。”

许多地方的年轻姑娘，喜欢在七夕节时用树的液浆兑水洗头发，用花染指甲。据说这不仅可以让女孩年轻美丽，还可以让未婚姑娘尽快找到如意郎君。

(3) 拜仙

广州的姑娘在节日到来之前，预先用彩纸、通草、线绳，编制成各种奇巧的小玩意，还将谷种和绿豆放入小盒里用水浸泡，使之发芽，待芽长到二寸多长时，用来拜神，称为“拜仙禾”“拜神菜”。从初六晚开始到初七晚，一连两晚，姑娘们穿上新衣服、戴上新首饰，焚香点烛，对星空跪拜，称为“迎仙”，自三更到五更，要连拜七次。

拜仙之后，姑娘们手执彩线对着灯影将线穿过针孔，如一口气能穿七枚针孔者叫得巧，被称为巧手，否则是输巧。七夕之后，姑娘们将所制作的小工艺品、玩具互相赠送，以示友情。

(4) 吃巧果

各地在七夕当天要做巧果。巧果的做法是先将白糖放在锅中溶为糖浆，然后和入面粉、芝麻，拌匀后摊在案上擀薄，凉后用刀切为长方块，最后折为梭形巧果胚，入油炸至金黄即成。巧食做成后，陈列到庭院中的几案上。到晚上大家一面观赏浩瀚的夜空，一面吃各种巧食，祈盼会变得灵巧。

巧果款式极多。《东京梦华录》称之为“笑厌儿”“果食花样”。宋朝时，市街上已有七夕巧果出售。搭配巧果的，还会有一对身披战甲的人偶，号称“果食将军”。

(5) 七姑会

流行于广东广州，又称“拜七姐会”。《广东新语·事语》中说：“七月初七为七娘会。乞巧，沐浴天孙圣水。以素馨、茉莉结高尾艇，翠羽为篷，游泛沉香之浦，以象星槎。”七娘会由姑娘们相约组合而成，众人利用闲散时间把通草、色纸、芝麻、米粒制成各种花果、仕女、器物、宫室，在初六那天搭配针线、脂粉、古董、珍玩、花生、时果摆放在庭内的八仙桌上，供人评赏。初七才开始迎仙、拜仙、拜牛郎。胡朴安《中华全国风俗志》广东卷记载：“广州风俗，綦重七夕，实则初六夜也。诸女士每逢是夕，于广庭设鹊桥，陈瓜果，焚檀楠，爇巨烛，绵屏绣椅，靓妆列坐，任人人观不禁，至三更而罢，极一时之盛。”

(6) 青苗会

有的地方七夕叫作“青苗会”。传说七夕的天河，还可预告当年的收成：天河明显，收成就好，粮价就高；天河灰暗，收成就不好，粮价就低。这在观念上是一种许愿的活动。

(7) 听悄悄话

在一些农村，七夕夜会有许多少女偷偷躲在长得茂盛的南瓜棚下，待夜深人静之时如果能听到牛郎织女相会时的悄悄话，待嫁的少女日后便能得到千年不渝的爱情。

(8) 送巧人

浙江台州地区流行送巧人。清代光绪《玉环厅志·风俗篇》中说：七夕，亲友买巧酥相馈赠。七夕前，各糕饼店及作坊，用面粉加糖酥，然后在木模中压成二寸来长织女身形，头足染上红颜色，俗称“巧人”。这天，舅舅、姑母、义父都会购买，赠送给外甥、内侄或义子。

中秋节简介

每年农历八月十五日，是传统的中秋佳节。这时是一年秋季的中期，所以被称为中秋。在中国的农历里，一年分为四季，每季又分为孟、仲、季三个部分，因而中秋也称仲秋。八月十五的月亮比其他几个月的满月更圆、更明亮，所以又叫作“月夕”“八月节”。此夜，人们仰望天空如玉如盘的朗朗明月，自然会期盼家人团聚。远在他乡的游子，也借此寄托自己对故乡和亲人的思念之情。所以，中秋又称“团圆节”。

我国人民在古代就有“秋暮夕月”的习俗。夕月，即祭拜月神。到了周代，每逢中秋夜都要举行迎寒和祭月。设大香案，摆上月饼、西瓜、苹果、红枣、李子、葡萄等祭品，其中月饼和西瓜是绝对不能少的。西瓜还要切成莲花状。在月下，将月亮神像放在月亮的那个方向，红烛高燃，全家人依次拜祭月亮，然后由当家主妇切开团圆月饼。切的人预先算好全家共有多少人，在家的，在外地的，都要算在一起，不能切多也不能切少，大小要一样。

相传古代齐国丑女无盐，幼年时曾虔诚拜月，长大后，以超群品德入宫，但未被宠幸。某年八月十五赏月，天子在月光下见到她，觉得她美丽出众，后立她为皇后，中秋拜月由此而来。月中嫦娥，以美貌著称，故少女拜月，愿“貌似嫦娥，面如皓月”。

在唐代，中秋赏月、玩月颇为盛行。在北宋京师，八月十五夜，满城人家，不论贫富老小，都要穿上成人的衣服，焚香拜月说出心愿，祈求月亮神的保佑。南宋，民间以月饼相赠，取团圆之义。有些地方还有舞草龙、砌宝塔等活动。明清以来，中秋节的风俗更加盛行；许多地方形成了烧斗香、树中秋、点塔灯、放天灯、走月亮、舞火龙等特殊风俗。

今天，月下游玩的习俗，已远没有旧时盛行。但设宴赏月仍很盛行，人们把酒问月，庆贺美好的生活，或祝远方的亲人健康快乐，“千里共婵娟”。

中秋节的习俗很多，形式也各不相同，但都寄托着人们对生活无限的热爱和对美好生活的向往。

中秋节的由来与传说

中秋节有悠久的历史，和其他传统节日一样，也是慢慢发展形成的，古代帝王有春天祭日，秋天祭月的礼制，早在《周礼》一书中，已有“中秋”一词的记载。后来贵族和文人学士也仿效起来，在中秋时节，对着天上又亮又圆的一轮皓月，观赏祭拜，寄托情怀，这种习俗就这样传到民间，形成一个传统的活动，一直到了唐代，这种祭月的风俗更为人们重视，中秋节才成为固定的节日，《旧唐书·太宗记》记载有“八月十五中秋节”。这个节日盛行于宋朝，至明清时，已与元旦齐名，成为我国的主要节日之一。

中秋节的传说是非常丰富的，嫦娥奔月、吴刚伐桂、玉兔捣药之类的神话故事流传甚广。

（1）吴刚折桂

民间广为流传着嫦娥奔月的故事，自此，中秋节拜月的风俗在民间传开了。关于中秋节还有一个传说：相传月亮上的广寒宫前的桂树生长繁茂，有五百多丈高，下边有一个人常在砍伐它，但是每次砍下去之后，被砍的地方又立即合拢。几千年来，就这样随砍随合，这棵桂树永远也不能被砍光。据说这个砍树的人名叫吴刚，是汉朝西河人，曾跟随仙人修道，到了天界，但他犯了错误，仙人就把他贬谪到广寒宫，日日做这种徒劳无功的苦差使，以示惩处。李白诗中有“欲斫月中桂，持为寒者薪”的记载。

(2) 朱元璋与月饼起义

中秋节吃月饼相传始于元代。当时，中原广大人民不堪忍受元朝统治阶级的残酷统治，纷纷起义抗元。朱元璋联合各路反抗力量准备起义。但朝廷官兵搜查的十分严密，传递消息十分困难。军师刘伯温便想出一计策，命令属下把藏有“八月十五夜起义”的纸条藏入饼子里面，再派人分头传送到各地起义军中，通知他们在八月十五日晚上起义响应。到了起义的那天，各路义军一齐响应，起义军如星火燎原。

很快，徐达就攻下元大都。消息传来，朱元璋高兴得连忙传下口谕，在即将来临的中秋节，让全体将士与民同乐，并将当年起兵时以秘密传递信息的“月饼”，作为节令糕点赏赐群臣。此后，“月饼”制作越发精细，品种更多，大者如圆盘，成为馈赠的佳品，中秋节吃月饼的习俗便在民间流传开来。

中秋节习俗

每逢中秋佳节，民间盛行赏月、吃月饼、吃团圆饭以及舞龙灯、点塔灯等活动。中秋节在蒙古、彝、壮、布依、朝鲜、满、白、侗、土家、哈尼、黎、傈僳、畲、拉祜、纳西、达斡尔、羌、仡佬、锡伯、鄂温克、裕固、京、鄂伦春、赫哲等民族中也十分流行。

(1) 赏月

我国自古就有赏月的习俗。《礼记》中记载有“秋暮夕月”，夕月即祭拜月神。到了周代，每逢中秋夜都要举行祭月活动。人们在大香案上摆上月饼、西瓜、苹果、李子、葡萄等时令水果，等月亮挂到半空时便开始祭拜。在唐代，中秋赏月、玩月颇为盛行。在宋代，中秋赏月之风更加盛行。《东京梦华录》记载：“中秋夜，贵家结饰台榭，民间争占酒楼玩月。”京城所有的店家、酒楼在这一天都要重新装饰门面，牌楼上扎绸挂彩，出售新鲜佳果和精制食品，夜市热闹非凡，百姓们大多登上楼台，一些富户人家在自己的楼台亭阁上赏月，并摆上食品或安排家宴，团圆子女，共同赏月叙谈。

(2) 望月

安徽民谚说："云掩中秋月，雨打上元灯。"黄河中下游地区，这个晚上老幼登高望月，称月亮的显晦可卜来年元宵节阴晴。云南新平的傣族，每逢中秋节，人们先对空鸣放火枪，然后围坐饮酒，谈笑望月。

(3) 吃月饼

古往今来，人们把月饼当作吉祥、团圆的象征。每逢中秋，皓月当空，合家团聚，品饼赏月，尽享天伦之乐。

月饼又称胡饼、宫饼、小饼、月团、团圆饼，是古代中秋祭拜月神的供品，流传下来就形成了中秋吃月饼的习俗。月饼传说起源于唐初。唐高祖李渊与群臣欢度中秋节时，兴高采烈地手持吐蕃商人所献的装饰华美的圆饼，指着天上明亮的圆月，高声笑道："应将圆饼邀蟾蜍。"随即把圆饼分给群臣，同庆欢乐。元末，相传，高邮的张士诚在暗中串联，利用中秋节互相馈赠麦饼的机会，在饼中夹带字条传递消息，约定八月十五日晚上同时举行起义。从此，每年这天家家户户都吃麦饼以庆胜利。

唐代称月饼为圆饼，南宋周密《武林旧事》与吴自牧《梦粱录》中曾出现过月饼的记载。当时八月十五吃月饼已很普遍，制作月饼的技术也很高超。清代月饼的品种、质量都有新的发展，馅好、味鲜、形美，饼面上印有"嫦娥奔月""三潭印月"以及福、禄、寿、喜图案。现在，全国各地因地区不同和用料、调味、形状的差别，形成不同风格的品种。主要品种有京式、苏式、广式、潮式、滇式多种。其馅更是种类繁多，甜、咸、荤、素各有特点，色香味俱佳。

(4) 走月亮

走月亮简称"走月"，又称"踏月""游月""玩月"。中秋节花好月圆，天高气爽，妇女们乘着月色，尽情畅游于街市或郊野阡陌，或进出尼庵，摆设香案，望月展拜，或唱歌跳舞，弹琴吹奏，通宵达旦，无人阻止。即使闺秀名门，也突破规矩，盛妆出游。有的姑娘悄悄约上恋人；有的借出游之机，寻求佳偶。江苏南京在过去“走月”还有一种特殊风俗，凡没生育的妇女，要去夫子庙，随后跨过一座桥，相传回家后就能怀孕。

（5）玩花灯

中秋玩花灯大多集中在南方。花灯包括各种各样的彩灯，如芝麻灯、蛋壳灯、刨花灯、稻草灯、鱼鳞灯、谷壳灯、瓜子灯及鸟兽花树灯。广州、香港的小孩在家长协助下，用竹纸扎成兔子灯、杨桃灯或正方形的灯，横挂在短杆中，再竖到高杆上，高挂起来，彩光闪耀，为中秋喜添美景。广西南宁除了用竹纸扎各式花灯让儿童玩耍外，还有很朴素的柚子灯、南瓜灯、橘子灯。所谓柚子灯，是将柚子掏空，画出图案，穿上绳子，在里面点上蜡烛就可以了。南瓜灯、橘子灯也是将瓤掏出后制作而成的。这些灯外表朴素且制作简易，很受欢迎。

（6）烧塔

一些地方非常盛行中秋夜烧塔。烧塔又叫烧瓦子灯、烧花塔、烧瓦塔。塔高1~3米，多用碎瓦片砌成，大的塔还要用砖块做底，顶端留一个塔口，供投放燃料用。中秋晚便点燃木、竹、谷壳燃料，火旺时泼松香粉，引焰助威，极为壮观。

《中华全国风俗志》中记载：江西中秋夜，一般孩子于野外拾瓦片烧红，再泼以煤油，火上加油，霎时四野火红，照耀如昼。直至夜深，无人观看，始行泼息，是名烧瓦子灯。民间还有赛烧塔规则，谁把瓦塔烧得全座红透就是胜利，不及的或在燃烧过程倒塌的就是失败，胜的由主持人发给彩旗、奖金或奖品。

(7) 兔儿爷

兔儿爷流行于北京、天津地区，又称“彩兔”。清代潘荣陛《帝京岁时纪胜》记载：“京师以黄沙土作白玉兔，饰以五彩妆颜，千奇百状，集聚天街月下，市而易之。”中秋前后，街上许多摊贩都会售卖兔儿爷。居民争相购买，放在屋内，或供奉在祭月几案。清代富察敦崇《燕京岁时记》“兔儿爷摊子”中说：“每届中秋，市人之巧者用黄土抟成蟾兔之像以出售，谓之兔儿爷。有衣冠而张盖者，有甲胄而带纛旗者，有骑虎者，有默坐者。大者三尺，小者尺余。”民间取月中蟾蜍玉兔祭拜，以祈中秋顺遂吉祥。

(8) 舞火龙

从农历八月十四晚开始，香港铜锣湾大坑地区一连三晚都要举行盛大的舞火龙活动。火龙长达 70 多米，用珍珠草扎成 32 节的龙身，插满了长寿香。盛会之夜，大街小巷，一条条蜿蜒起伏的火龙在灯光与龙鼓音乐中欢腾起舞，热闹非凡。

(9) 团圆馍

陕西长安一带家家中秋节要做团圆馍。馍有顶、底两层，中间夹着芝麻。上层用大老碗拓一个圆圈，象征月亮。圆圈中央刻上一块“石头”，一只顽皮的“小猴子”站在“石头”上吃“蟠桃”。在月亮周围用顶针、大针扎出各种花形，然后放在锅里烙热。吃时切成许多尖牙的形状，给全家每人分一块，如果有人短期外出，可以留下；姑娘如已出嫁，要派人送去。

我国地缘广大，人口众多，风俗各异，中秋节的过法也是多种多样，并带有浓厚的地方色彩。除了赏月、吃月饼、走月亮，还有树中秋、请月姑、祭月神、偷月亮等一系列丰富多彩的活动，这使得中秋节成为我国传统节日中最具文化内涵的节日之一。

重阳节简介

农历九月九日，为传统的重阳节。因为古老的《易经》把“六”定为阴数，把“九”定为阳数，九月九日，日月并阳，两九相重，故而叫重阳，也叫重九。古人认为这是个值得庆贺的吉利日子，并且从很早就开始过此节日。

庆祝重阳节的活动多彩浪漫，一般包括出游赏景、登高远眺、观赏菊花、遍插茱萸、吃重阳糕、饮菊花酒等活动。

九九重阳，因为与“久久”同音，九在数字中又是最大数，有长久长寿的含义，况且秋季也是一年收获的黄金季节，重阳佳节，寓意深远，人们对此节历来有着特殊的感情，唐诗宋词中有不少贺重阳，咏菊花的诗词佳作。

今天的重阳节，被赋予了新的含义，在 1989 年，我国把每年的九月九日定为老人节，传统与现代巧妙地结合，成为尊老、敬老、爱老、助老的老年人的节日。全国各机关、团体、街道，往往都在此时组织从工作岗位上退下来的老人或秋游赏景，或临水玩乐，或登山健体，让身心都沐浴在大自然的怀抱里；不少家庭的晚辈也会搀扶着年老的长辈到郊外活动或为老人准备一些可口的饮食。

重阳节的由来与传说

九九重阳，早在春秋战国时的《楚辞》中已被提到。屈原在《远游》中写道：“集重阳人帝宫兮，造旬始而观清都。”这里的“重阳”是指天，还不是指节日。三国时魏文帝曹丕《九日与钟繇书》中，则已明确写出重阳的饮宴：“岁往月来，忽复九月九日。九为阳数，而日月并应，俗嘉其名，以为宜于长久，故以享宴高会。”

晋代文人陶渊明在《九日闲居》诗序文中说：“余闲居，爱重九之名。秋菊盈园，而持醪靡由，空服九华，寄怀于言。”这里同时提到菊花和酒。大概在魏晋时期，重阳日已有了饮酒、赏菊的做法。到了唐代重阳被正式定为民间的节日。

到明代，九月重阳，皇宫上下要一起吃花糕以庆贺，皇帝要亲自到万岁山登高，以畅秋志，此风俗一直流传到清代。

和大多数传统节日一样，重阳节也有古老的传说。

相传在东汉时期，汝河有个瘟魔，只要它一出现，家家就有人病倒，天天有人丧命，这一带的百姓受尽了瘟魔的蹂躏。

一场瘟疫夺走了青年恒景的父母，他自己也因病差点儿丧命。病愈之后，他辞别了心爱的妻子和父老乡亲，决心出去访仙学艺，为百姓除掉瘟魔。恒景四处访师寻道，访遍各地的名山高士，终于打听到在东方有一座最古老的山，山上有一个法力无边的仙长，恒景不畏艰险和路途的遥远，在仙鹤指引下，终于找到了那座高山，找到了那个有着神奇法力的仙长。仙长为他的精神所感动，收留了恒景，并且教给他降妖剑术，还赠他一把降妖宝剑。恒景废寝忘食地苦练，终于练出一身非凡的武艺。

这一天仙长把恒景叫到跟前："明天是九月初九，瘟魔又要出来作恶，你本领已经学成，应该回去为民除害了。"仙长送给恒景一包茱萸叶，一盅菊花酒，并且密授避邪用法，让恒景骑着仙鹤赶回家去。

恒景回到家乡，在九月初九的早晨，按仙长的叮嘱把乡亲们领到了附近的一座山上，发给每人一片茱萸叶，一盅菊花酒，做好了降魔的准备。中午时分，随着几声怪叫，瘟魔冲出汝河，但是瘟魔刚扑到山下，突然闻到阵阵茱萸奇香和菊花酒气，便戛然止步，脸色突变，这时恒景手持降妖宝剑追下山来，几个回合就把温魔刺死剑下，从此九月初九登高避疫的风俗年复一年地流传下来。梁人吴均在他的《续齐谐记》一书里曾有此记载。

后来人们就把重阳节登高的风俗看作免灾避祸的活动。另外，在中原人的传统观念中，双九还是生命长久、健康长寿的意思，所以后来重阳节才被立为老人节。

重阳节习俗

金秋送爽，丹桂飘香，农历九月初九的重阳佳节，活动丰富，情趣盎然，有登高、赏菊、喝菊花酒、吃重阳糕、插茱萸，等等。

(1) 登高

南朝梁人吴均《续齐谐记》记载，重阳节的登高习俗源于汉代“桓景避难”。东汉时汝南子桓景拜仙人费长房为师。费长房曾对桓景说，某年九月九日有大灾，家人戴上茱萸，登山饮菊花酒，此祸可消。桓景到这天照着做了，举家登山，果然平安无事。晚上回到家中，却看到鸡犬牛羊全都死了。此后人们每到九月九日就登高、野宴、佩戴茱萸、饮菊花酒，以求免祸呈祥。

宫廷皇室也常举办这项活动。顾禄在《清嘉录》记述唐代以前的宫廷登高时说道：“孟嘉从桓温游龙山，亦九日登高之举，后遂相承为故事。《南齐书·礼志》，宋武帝在鼓城时，九日，上项羽戏马台登高。《齐武帝本纪》，九日，孙陵风商飙馆登高宴群臣。《全唐诗话》，唐中宗临渭水登高。”《唐诗纪事》中说，景龙三年（公元 709 年）九月九日，唐中宗李显临幸渭亭登高，令臣下赋同题四韵五言诗一首，先成者赏，后成者罚。晋隋唐时期，每到重阳，在民间不但登高活动较为盛行，而且文人墨客尤其热衷此项活动，因而使它成为一项综合性的“登高会”。

（2）吃重阳糕

据史料记载，重阳糕又称花糕、菊糕、五色糕，制无定法，较为随意。九月九日天明时，以片糕搭儿女头额，口中念念有词，祝愿子女百事俱高，乃古人九月制作糕点的本意。讲究的重阳糕要做成九层，像座宝塔，上面还制作两只小羊，以符合重阳（羊）之义。有的还在重阳糕上插一小红纸旗，并点蜡烛灯。这大概是用“点灯”“吃糕”代替“登高”的意思，用小红纸旗代替茱萸。当今的重阳糕，仍无固定品种，各地在重阳节吃的松软糕类都称为重阳糕。

（3）插茱萸

晋代周处《风土记》中说：“以重阳相会，登山饮菊花酒，谓之登高会。”因为登高时有插茱萸、佩茱萸囊的风俗，所以登高会又叫“茱萸会”“茱萸节”。到了唐代，茱萸按照唐代民俗，既可将它作为重阳的节日礼物送给亲友，如孟浩然的《九日得新序》一诗中，就有“茱萸可佩，折取寄情亲”的描述；同时，重阳插戴茱萸，还能避邪。王维的著名诗篇《九月九日忆山东兄弟》记述了重阳登高、插茱萸两种风俗。张说在《湘州九日城北亭子》一诗也说：“西楚茱萸节，南淮戏马台。”

关于插茱萸、佩茱萸囊的作用普遍解释是辟恶气、御初寒。《风土记》中载：“九月九日律中无射而数九。俗以此日茱萸气烈成熟，尚此日折茱萸房以插头，言辟恶气而御初寒。”唐代郭震《秋歌》卷二也说：“辟恶茱萸囊，延年菊花酒。”

(4) 赏菊

在菊花怒放的重阳节里，观赏菊花成了节日的一项重要内容。传说赏菊习俗起源于晋代大诗人陶渊明。陶渊明不为五斗米折腰回归田园后，以隐居出名，以诗出名，以酒出名，也以爱菊出名；后人效仿他，于是就有重阳赏菊的风俗。古代文人士大夫，还将赏菊与宴饮结合起来，希望自己和陶渊明的风格更加接近。北宋京师开封，重阳赏菊之风盛行。

《梦粱录》中说，宋代每年重阳日都要“以菊花、茱萸，浮于酒饮之”。还给菊花、茱萸起了两个雅致的别号，称菊花为“延寿客”，称茱萸为“辟邪翁”，“故假此两物服之，以消阳九之厄”。按照每年的惯例，皇宫禁中与达官显贵都要在这天观赏菊花，即使普通的士庶平民也要购买一两株菊花玩赏自娱。当时市场上出售的名优品种菊花达到七八十种之多。这些菊花，不但花朵硕大而艳丽，而且香味馨郁耐久。如有白黄色蕊，状如莲花的是“万龄菊”，粉红色的是“桃花菊”，白而檀心的是“木香菊”，纯白且大的是“喜客菊”，诸如此类，花色名目繁多，不胜枚举。

重阳节就好像一次各色、各类、各种菊花荟萃的盛大花会。《乾淳岁时记》对宋代禁廷宫中每年重阳节的赏菊庆乐活动也有详细描绘。书中写道：每年九月八日宫中就开始做重九，届时在庆瑞殿分列菊花万株，名花珍品，五彩缤纷，灿烂眩目，而且，还要点燃菊灯，其盛况绝不亚于元宵庆典。同时举办赏花赏灯之宴，席间丝竹悠扬，乐鼓并作，大庆重阳节。

清代以后，赏菊的习俗更加昌盛，且不只局限于九月九日。

（5）饮菊花酒

菊花酒，就是用菊花作为原料酿制而成的酒。《西京杂记》称：当每年菊花盛开之时，采其茎叶，杂以黍米酿成，至来年九月九日始熟。因为饮菊花酒同样可以达到延年益寿的功效，所以是汉代宗贵达官常饮的佳酿。对此沈佺期《九日临渭亭侍宴应制得长字》一诗写道："魏文颂菊蕊，汉武赐萸囊……年年重九庆，日月奉天长。"

第九章

饮食文化

古代的饮食

上古的粮食作物有五谷、六谷和百谷。通常来说，五谷指稷、黍、麦、菽、麻。六谷指稷、黍、麦、菽、麻、稻。两相比较，后者只多了水稻，这与水稻是南方作物，后来才传到北方有关。百谷，是指多种谷物。具体来说，稷是小米，又称谷子。它在古代相当长一段时间内是最重要的粮食。古人以稷代表谷神、社神，合称为社稷，其重要性可见一斑。黍即今天所说的黍子，又叫黄米。上古时代，黍被认为是比较可口的粮食。在《论语·微子》就有："杀鸡为黍而食之。"麦，分大麦、小麦。杜甫《大麦行》曰："大麦干枯小麦黄，夫女行泣夫走藏。"菽是豆（上古称菽，汉以后称豆）。麻指大麻子，古代也可供食用，但它不是主要的粮食作物。在上述作物外，还有禾、粟、粱等。禾原专指稷，后来逐渐成为一般粮食作物的通称。粟原是禾黍的籽粒，后也用作粮食的通称。粱是稷的良种。古人常以稻粱并称，认为这两种谷物味美可口。粮食可以加工炒食，炒好的干粮称糗，又叫糇粮，一般在行旅中食用。

古时以牛、羊、豕（猪）为三牲。祭祀时三牲齐全称太牢。三牲中，牛最珍贵。对于普通民众来说，最为普遍的是羊，所以美、馐等字从“羊”，羹字从“羔”从“美”。古人也吃狗肉，并有以屠狗为职业者，如汉代的樊哙。肉类风干叫脯，制成酱叫醢，腌制的鱼、肉称菹。和肉类相关的还有羹，羹分两种：供饮用的纯肉汁羹和用藿制成的牛羹，用苦菜制成的羊羹及用薇制成的豕羹。除上述外，还有家禽供食用。如鸡、鸭（战国时称鹜）、鹅（又叫雁）。调味品中有醋（称醯）。醋出现后，酸菜、泡菜也随之产生。

上古时的糖类有麦芽糖，称饴。当时还没有砂糖。宋祁的《寒食》诗云“箫声吹暖卖锡天”，卖锡，就是卖麦芽糖。古人也会酿酒。在殷商的遗址中，出土了大量的觚爵等酒器，足见当时饮酒之风行。当时酿酒也以粮食为原料，主要是以煮烂的黍，加酒曲酿制而成。饮料中的茶叶是我国的特产，在汉代的某些地区，它已经成为一种商品。今人由《续博物志》推测，饮茶的风气是从江南传播开来的。饮茶风气渐盛应是从南北朝时开始。到唐宋后，茶在民间已经很普遍了。饮食中，还有古汉民族少有摄取的动物乳类制品。从《史记》的记载来看，饮食乳酪一直都不是汉族的习惯。真正被汉人所熟知大概是在唐代。韩愈在《初春小雨》中云：“天街小雨润如酥，草色遥看近却无。”酥，即酥油。可见时人已经开始习惯于酥酪了。

京菜

由于对菜系的理解不同，对中国到底有多少菜系，迄今尚无一致的意见。以下选取历史渊源较深、具有较大影响、并带有独特的文化背景的六个菜系，分别加以介绍。

先说京菜。北京作为首都已有700余年的历史，它是帝王、贵族、士大夫长期活动的中心。而京菜就是为贵族饮宴、官场应酬、士大夫雅集服务的，因此它占个“贵”字。

京菜还有集大成的性质。北京地理位置接近游牧地区，历史上的辽、金、元、清时期，又都是由游牧民族居统治地位，故统治集团的口味与饮食需求必然对北京肴馔起决定性影响。元代忽思慧《饮馔正要》写于北京，其中记载的宫廷菜肴就以牛羊肉为主。直至近代的全羊席、烧羊肉、烤羊肉、涮羊肉，乃至小吃中的爆肚、锅贴，都是北京肴馔中最有特色的。清统治者满洲人在关外就嗜食猪肉，其烹饪技艺简单古朴，以烤烧煮炖为主。所以北京菜肴自清以来猪羊并重，就是受到满族食俗的影响，其代表菜肴有烤乳猪、白煮肉等。

另外，北京又是各地士大夫云集之所，他们带来厂各地技艺高超的厨师，也使京菜能够吸收各地所长，从而丰富了北京肴馔的风味。对北京影响较大的是山东、淮扬、江浙三个菜系。山东本距北京较近，清初至中叶京朝显贵中山东人又很多，故山东人几乎垄断了清代北京的饮食业，有名的大饭庄如同丰堂、福寿堂、惠丰堂都是山东人开办的。山东菜中的“爆”“锅塌”技艺，与其善于运用葱香味的烹调特点，对北京烹饪有很大影响。如爆羊肉等，都是吸收了山东烹调技法和调味特点的北京普通菜肴。此外，淮扬（指扬州、淮安一带）、江浙（指苏南、浙西一带）人在北京经商、求官的特别多，口味也特别高，有些人士还能设计菜肴。因此，北京厨师即使并非来自江南，亦能“包办南席”相标榜。近人徐凌霄云“明明是老北京的登州馆，也要挂‘姑苏’二字”（《引日都百话》），正说明了南菜在人们心目中的地位。南菜北上后其风味也产生了变化。如淮扬、江浙重甜味、淡味，而北方重咸味、厚味。南菜要在北京立足，不免要入乡随俗，在调味上略加变化，创制出一些南北合璧的菜肴。如晚清翰林潘祖荫创制的鱼羊合烹而成的潘先生鱼，苏州人吴闰生创制的吴鱼片等，都属于带有江浙色彩的北京菜。近百年来被称为“世界第一味”的北京烤鸭，始出于明宫廷烤鸭，它用北京填鸭为原料，并吸取了淮扬一带注重色泽的烧烤技艺，而烤成后用调味的甜面酱和生葱及配食的荷叶饼又都属于山东风格，可以说是典型地反映了北京菜的“多源性”。

清乾隆以来逐渐流行的最高规格的宴席——满汉全席，其菜式、冷碟近200种，点心几十种，也反映了北京菜的渊源。这道宴席是以满洲烧烤与南菜中的鱼翅、燕窝、海参、鱿鱼、鲍鱼等为主菜，并以满洲传统糕点——饽饽穿插于菜肴之间，以淮扬、江浙羹汤为佐菜。它集京菜之大成，比较全面地反映了北京肴馔的技艺和风味。

总之，京菜如同北京在中国的地位一样，是万流归宗之处，有兼收并蓄之胸怀。因此，它不是以一两种肴馔名世，而能推出几十种甚至百种以上具有独特风格的肴馔，从小吃到大餐乃至整桌筵席，都有其他菜肴不能企及的。另外，京菜不追求怪诞，不走偏锋，不寻求刺激，善于把平凡的食物加工成为美味的菜肴，其口味也易于被大众接受。

鲁 菜

山东菜肴的渊源更为久远，最早可追溯到春秋战国时的齐鲁。北魏贾思勰的《齐民要术》所总结的烹饪经验，有不少就取之于齐鲁一带。因之，鲁菜的特点为“古”，特别是鲁菜中的阳春白雪——孔府菜，保留了不少古式菜肴。

鲁菜主要由济南菜与胶东菜组成。济南菜肴依靠鲁中、鲁西北、鲁西南的丰富食料，如大明湖的茭白、蒲菜、藕；章邱的大葱、黄河的鲤鱼、泰安的豆腐、北园的蔬菜等。济南厨师精于制汤，善于用爆、炒、炸、烧等烹饪方法，多以淡水鱼、猪肉、蔬菜为原料。其代表菜肴为奶汤鲫鱼、糖醋黄河鲤鱼、奶汤蒲菜、锅烧肘子、油爆双脆等。胶东菜以烹饪海鲜著称，无论是用名贵的海产珍品如鱼翅、海参、燕窝、干贝，还是用小海味如鳞、介、虾、蟹，都能烹饪出精洁鲜美的名肴。其代表菜肴如绣球海参、烧五丝、红烧干贝肚、芙蓉虾仁、芙蓉干贝、炸蛎黄等。

总的来说，山东菜在烹饪技艺上重视爆、炒、扒、锅，烹制出的菜肴脆、嫩、鲜、滑。在调味上以咸味为主，酸、甜为辅。调和咸味除了用盐以外，还常用豆豉、酱等。山东人喜食葱，烹调中也常用葱烧海参、葱烧蹄筋、葱烧肉等。双烤肉、炸脂盖等山东名菜更以生葱段佐食。在爆、炒、烧、溜的诸菜式中，山东厨师都以葱花炝锅，以取葱香之味。

淮扬菜

自唐以来，扬州即为富商大贾的云集之地，明清两代扬州的盐商更是富可敌国，连乾隆皇帝下江南时看到盐商的饮食排场都为之咋舌。大多盐商家皆有名厨，往往均能烹制一两种令人叫绝的肴馔。故盐商请客设宴往往从各家请厨师取其所长，以凑出市肆不能企及的筵席。因此，李斗在《扬州画舫录》中说："烹饪之技，家庖最胜。"淮扬菜系正是在消费水平极高的富商的奢侈需求下逐渐培植起来的。故淮扬菜占个"富"字。

扬州处于江淮湖海之间，盛产鱼鳖虾蟹及各种海味与蔬菜，这为烹饪的发展提供了丰富的原料。如果说山东菜以急火快炒见长（这反映商业经营对烹饪的要求)，淮扬菜则以炖、焖、焐、蒸、烩等见功，加工时间较长（这正是“家庖”的流风余韵)。其名肴如三杯鸡、炖金银蹄、栗子黄焖鸡、荷叶蒸肉、八宝鸭、扬州狮子头、蝴蝶海参等，都带有此特点。因此淮扬菜注重原汤原汁，要求鸡有鸡味，鱼有鱼味，突出主料的味道，再恰当地配以辅料，使两者相得益彰。其选料精严，讲究刀功、造型，瓜灯镂刻，更显得富贵气十足。

淮扬菜口味偏甜，但不过当，而且往往糖盐并用。糖起提鲜作用，使得菜肴鲜味悠长，回味无穷。淮扬菜还重视色泽，善于运用糖色、红曲色、清酱色及原料本色。如“雪里藏蛟”，即以蒸制而成的雪白蛋清泡为底色、上覆以乌黄发亮的爆炒鳝丝，对比鲜明，真如蛟卧雪中。淮扬菜肴的色彩往往与菜味相应，凡色彩浓亮则味也浓、汁也厚；凡色彩清淡素雅的，其味清鲜利口，汤清见底。

江浙菜

江浙指苏南（苏州、无锡一带）和浙西（杭州、湖州一带)，其经济是中唐以后逐渐发展起来的。五代以来，经济、文化中心南移，此地区成为文人渊薮。如果说淮扬一带烹饪发展主要是为了满足富商大贾需求，那么江浙一带烹饪技艺的发展和特色，正反映了士大夫的趣味与追求。自宋以来，饮食著作多为江浙文士所撰，如对后世素食影响很大的《山家清供》（杭州林洪）；精于肴馔制作法的《易牙遗意》（吴县韩奕）；注重人体与健康关系的《遵生八笺》（钱唐高濂）；富于实用价值的《居家必备》（钱唐高濂），兼采用南北肴馔制法的《食宪鸿秘》（嘉兴朱彝尊）；提倡素食、淡食的《闲情偶寄·饮馔郎》（杭州李渔），集传统烹饪理论之大成、并构筑了理论体系的《随园食单》（钱唐袁牧）；搜罗肴馔十分丰富的《养小录》（嘉兴顾仲）等。士大夫们品评佳馔名肴，总结烹调经验。为江浙烹饪技艺与实践的发展提供了依据。

江浙菜的特点是注重蔬菜。《山家清供》主要搜罗蔬菜制品，《闲情偶寄·饮馔部》中对笋、蕈、莼、菜评价极高，认为只有它们才能体现清鲜之味。这些蔬菜为主料的菜肴，不仅为人们日常所食，而且也是流行饭馆的名肴，如鸡油菜心、南腿菜扇、糟烩鞭笋、西湖糖醋藕、镜箱豆腐，以及久享大名的莼菜羹等。其次，江浙菜又注重产于河湖港汊的鱼虾蟹贝。江浙一带本是鱼米之乡，鱼虾现捕现食，味道十分鲜美。故江浙菜中以鱼虾为原料的名肴很多，如被清乾隆皇帝誉为“天下第一菜”的松鼠鳜鱼；饮誉数百年的西湖醋鱼；为人赞美一千余载的松江鲈鱼脍等；其他如杭州用龙井茶配伍的龙井虾仁；苏州用莼菜配伍的莼菜塘鱼片，也都脍炙人口。

江浙菜偏甜、偏淡，也有不少使用糖醋味或香糟味的菜肴，其烹饪法与淮扬菜接近，但其色、形大多较为质朴，取其自然，不刻意追求。这一点与富丽堂皇的淮扬菜有很大区别。

川菜

一提到川菜，人们马上就会想到麻辣、鱼香、怪味，其实这种风味的形成不过是近百年的事，而且最初也只在下层社会流行。200多年前。四川名士李调元为其父李化楠刊刻所著之《醒园录》，其中收录了肴馔100余种。不仅没有用辣椒调味的菜肴，就是使川蜀椒、食朵萸等辛香调料的菜肴也不多见，调味十分温和，与现行菜肴大异其趣。直至今日，一些高级川菜如芙蓉鱼翅、一品熊掌、烧白、虫草鸭子、鸡蒙葵草、蒜泥白肉、开水白菜等，仍保持了传统川菜的风格，尽管它们不是风靡全国乃至海外的川菜代表菜肴。现代流行的川菜，则以辛、辣、麻、怪、咸为特色。它味浓、味美、味重、味多，有百菜百味之美誉，且十分下饭。

四川古称天府之国，除海味外，几乎无所不产，家畜、家禽、淡水鱼虾、家蔬野味都很丰富。川人自古好滋味，创造出众多的口味丰富、醇美并富于特色的调味品，如中坝的酱油、保宁的食醋、潼川的豆豉、涪陵的榨菜、重庆的辣酱、郫县的豆瓣、宜宾的芽菜等。厨师用这些调料，以普通的鱼肉禽菜烹制出许多朴实无华、经济实惠却极有特色的菜肴。不仅为广大川人所习惯，而且受到其他地区人们的欢迎。回锅肉、鱼香肉丝、豆瓣鲫鱼、宫保鸡丁、麻婆豆腐、水煮肉、肉末豇豆、蒜泥白肉、毛肚火锅等，均物美价廉，又很下饭。因此川菜可以说是最大众化的菜系。

川菜多用复合味，如咸鲜、糖醋、麻辣、酸辣、椒盐、酱香、五香、鱼香等，可列数十种之多。其烹饪技艺擅长小煎、小炒、干煸、干烧。“小炒”的特点是，烹饪食物不过油、不换锅、急火短炒、一锅成菜，如炒肝尖、炒腰花都只需一分钟左右，成菜嫩而不生。“干煸”主要用来加工纤维较长的食物，如牛肉、萝卜、苦瓜、四季豆等。川式肴馔中的小吃，也占很重要的地位，如棒棒鸡、怪味鸡、夫妻肺片、灯影牛肉、小笼蒸肉、担担面等。

粤菜

广东为百越之地，与中原长期隔绝。近三四百年又首先与西洋通商。因此，它的食物原料、烹调技法、调料运用都有异于其他地区之处。因此粤菜的特点是“怪”。

广东地处岭南，背山临海，其居民除南越人外，秦汉时又移居了一大批中原居民。因此，广东饮食文化中保留了不少南越人与秦汉间的食俗。如《淮南子·精神篇》说“越人得髯蛇以为上肴”。唐刘恂在《岭表异录》中还说，广东人喜吃各种野味，如鹗、孔雀、鹧鸪、野象等。南宋周去非在《岭外代答》中说，两广人“遇蛇必捕，不问短长；遇鼠必执，不别大小。蝙蝠之可恶，蛤蚧之可畏，蝗虫之微生，悉取而燎食之。蜂房之毒，麻虫之秽，悉炒而食之。蝗虫之卵，天虾之翼，悉蚱而食之”。吃鼠、蝙蝠、蝗虫卵都是先秦中原人遗俗，而当代其他地区的汉族人很少敢问津。

粤菜的烹饪技艺，在继承其他地区技法基础上又吸收了西餐的菜肴烹制法，融会成为自己独特的风格。如盐焗、酒焗、锅烤、软炒等均如是。“盐焗”是用烧热的盐粒焐烤食物原料（如鸡）；“酒焗”是用酒气对食物原料加热；“锅烤”指上烤下烧，双重加热的烹饪法；“软炒”则是指加工流体或半流体的食物原料时急火快炒的烹饪法。这些烹制法的代表菜肴为盐焗鸡、玫瑰酒焗双鸽、锅烤蛋、软炒牛奶等。

能表现粤菜食料之特异的名肴有龙虎斗、菊花龙虎凤、豹狸烩三蛇。这些菜肴主料为蛇、豹、狸猫等外，还要配以山瑞、海狗、鲍鱼等，其调味佐料中常用的海鲜味如蚝油、鱼露、蛏油与沙茶酱、喼汁等，都是其他菜系很少用的调料。

饮酒文化

中国酒究竟为何人所发明，已难于确考。传统酒业供奉的祖师爷，一般为杜康和仪狄，正如晋代江统《酒诰》所云："酒之所兴，肇自上皇。或云仪狄，一曰杜康。"不过，细究起来，上述说法却多属以讹传讹。因为在距今5000多年以前的龙山文化遗址中，已发现早期的酒器。

弄清酒的确切肇始年代并不重要。真正重要的是，酒一经形成，便对华夏民族的性格产生了巨大影响。殷商人相当迷信原始巫术，而这种盛行的巫风恰恰又是和饮酒之风密不可分的。据罗振玉等人考证，甲骨文、金文中的与施行巫术有关的"祭""奠""礼"等字，均从"酒"中脱出。张光直在《商代的巫与巫术》一文中推测："酒也是一方面供祖先神享用，另一方面也可能是供巫师饮用以帮助巫师达到通神的精神状态的。"

周朝发展出了程序繁多的酒礼。它分为六个阶段：一曰谋宾（商谋宾客名次）、戒宾（告知宾客）、速宾（催邀宾客）、迎宾之礼；二曰献宾（宾主相互敬酒）之礼；三曰作乐（分升歌、笙奏、间歌、合乐四阶段）；四曰旅酬（按尊卑秩序依次相酬）；五曰无算爵、无算乐（不断饮酒作乐，醉而后止，尽欢乃罢）；六曰送宾及日后的拜谢。这种乡饮酒礼的古风曾为士大夫们长期传承，直至清代。其实，这种礼仪是为了强调等级秩序，表达礼乐文化。

尚秉和曾在《历代社会风俗事物考》中列举了《礼记》《晏子春秋》《淮南子》《世说新语》中以酒为刑、罚的事例，并困惑地说，“夫酒者人所喜欢，而以是为罚，且以酒代刑，倘遇嗜饮者，不愈得意乎?然其风至今未已。此等习惯殊不可解已。”可现在，有了上文的分析，我们已经知道，这种“敬也饮酒罚也饮酒”的习俗，实乃中国人源自礼乐传统的特异古风，与他们对酒的警惕和节制有关。当然，真正以酒为刑的做法，后来慢慢地绝迹了。不过，其流风所被，仍使中国人在后世养成了相互劝酒、派酒的习惯。正因为人人都要对酒保持节制，所以他们偏又要彼此太过殷勤甚至软硬兼施地劝酒，看看究竟有谁被打破了防线，因不胜酒力而出乖露丑。这种以谈笑之资为目的的小小恶作剧，正是以酒为罚的古礼之孑遗和积淀，也是最最中国化的文化情结。

这种劝酒之风有时超过限度，以至大伤和气，成为一种陋俗。不过，这种带有一点儿强迫性的饮酒方式，却也翻出了各种各样妙趣横生的酒令。举凡射箭、投壶、猜拳、下棋、诗词、对联、笑话、谜语，等等，均成了助兴佐饮的游戏。这类嬉戏的场面，当然有雅俗之分，前者如李白的“如诗不成，罚以金谷酒数（三斗）”，后者如《红楼梦》中薛蟠的“女儿乐……”。但无论如何，严峻庄重的古礼在这里已经变成了轻松喧闹的行乐，尽管输者仍要在哈哈大笑声中心甘情愿地被“浮（罚）以大白（杯）”。

由于酒本身的广泛适应性，这种因关切死亡而导致的对生命的自觉恰恰又是和它紧紧连在一起的：“服食求神仙，多为药所误，不如饮美酒，被服纨与素。”（《古诗十九首》）

“既当以慷，忧思难忘。何以解忧，唯有杜康。”（曹操《短歌行》）

“五花马，千金裘，呼儿将出换美酒，与尔同销万古愁。”（李白《将进酒》）

“故国神游，多情应笑我，早生华发。人间如梦，一尊还酹江月。”（苏轼《念奴娇·赤壁怀古》）

汉魏以后，这些名句一直在回旋的共同音调——既因酒所带来的欢乐而慨叹人生如寄，又因对青春不再的忧思而更要开怀畅饮。酒在中国文化史中的内涵又被大大深化了。如果说，在夏、商两朝，它主要被借以加强人与神之间的联系，而在西周一代，它主要被用来加强人与人之间的联系，那么，经过了魏晋文人的发掘，它的主要功用则在于帮助体验人和本己的关系。此时，酒促使人挣脱种种社会的羁绊而赢得自由的心态。

品茗之道

“茗”即茶。我国是世界上最早发现和生产茶叶的国家之一。

我国历史上第一个全面总结种茶口茗之道的“茶圣”——唐代的陆羽。他在《茶经》中说：“茶之为饮，发乎神农氏，闻于鲁周公。”

所谓“神农尝百草，日遇七十二毒，得饮茶而解”的传说，也表明我国茶的发现和利用十分古老。

《茶经》全书不过6200多字，分上、中、下篇，共10节，分别论述了茶之源、茶之具、茶之造、茶之器、茶之煮、茶之饮、茶之事(饮茶名人及事例)、茶之出（产地)、茶之略（使用茶具和茶器的灵活性）等方面的内容。它对于茶文化的精辟探究和全面总结，不仅在中国很重要，且产生了世界影响。《茶经》的诞生，表明饮茶在唐代已很普遍。

饮茶不仅是百姓平常之事，而且更有许多精神雅趣，尤其在士大夫中，吟诗作赋与聚会品茗结合起来，产生出许多飘溢茶香的名篇佳作。我们有时从茶壶盖上可见写有“也、可、以、清、心”五个字，这是一种回文体，只要顺时针方向读，都可表达饮茶的益处。

唐代诗人刘贞把饮茶的好处概括为“十德”：“以茶散郁气，以茶驱睡气，以茶养生气，以茶除病气，以茶利礼仁，以茶表敬意，以茶尝滋味，以茶养身体，以茶可行道，以茶可雅志。”

饮茶之所以能给人带来无穷的乐趣，还在于它那十分考究的器具和煮茶沏茶的工序。各方面追求上乘之优，能使饮茶增色不少。当然品茗理应首先选择名茶。而其中备受钟爱的有西湖龙井、洞庭碧螺春、黄山毛峰、庐山云雾、君山银针、顾渚紫笋、婺源茗眉、太平猴魁、六安瓜片等。

饮茶还应讲究水。《茶经》认为煮茶的水以山水为最好，其次是江河的水，井水最差。而山水中，又以钟乳石上滴下来的水或石池里流动缓慢的水为绝佳。陆羽还曾对他所经之水，评定优劣名次20种：庐山康王谷水帘水第一；无锡县惠山寺石泉水第二；蕲州兰溪石下水第三；峡州扇子山下虾蟆口水第四；苏州虎丘寺石泉水第五；庐山招贤寺下方桥潭水第六；杨子江南零水第七；洪州西山西东瀑布泉第八；唐州柏岩县淮水源第九；庐州龙池山岭水第十……

宋徽宗在《大观茶论》认为："水以清轻甘洁为美，轻甘为水之自然，独为难得。"江河之水也有很好的，"扬子江心水，蒙山顶上茶"，就很受人称颂。

有了优质的茶叶和水之后，还必须讲究烧水沏茶的火候，同样的水如果烧煮火候不同，沏出茶水来就会不同。如《茶经》认为，当水煮到出现鱼眼大气泡，微微有声是第一沸；边缘连珠般水泡向上冒涌时是第二沸，二沸是向水里投茶最好的时候；水面波浪翻滚时是第三沸，三沸之后，水味就不好了。水煮老了固然不好，如果烧嫩了也不好，"不开"或"落开"都不利于泡茶。《煮泉小品》称嫩水叫"婴汤"，老水叫"万寿汤"，并说："汤嫩则茶味不出，过沸水老而茶乏。"这种烧水掌握火候的功夫叫作"候汤"。宋朝人蔡襄在《茶谱》一书说："候汤难，未熟则沫浮，过熟则茶沉，前世之谓蟹眼者，故熟汤也，沉瓶中煮之不可辨，故日候汤最难。"在今天，人们一般主张水烧开后，稍加冷却，待水温 80 度时再冲泡茶叶，此时就能达到最佳效果。

高水平的饮茶，还讲究烧水的器皿和燃料。煮茶沏茶只有好水还不够，如果烧水的器皿和燃料有问题，同样不能取得好的效果。

最后，茶入口中，还需茶具。上品之茶，还需上品之具相配，做到"泡茶不走味、贮茶不变色、盛茶不易馊"。在各种材料的茶具中，恐怕唯有陶瓷的历史最久、品质最优。中国是瓷器的故乡，数千年的制陶史，产生出无与伦比的精品，其中用作茶具便是主要的功用之-；而宜兴的紫砂陶茶具和景德镇的景瓷茶具又可谓两绝，它们除了在充当茶具时具有优越的物理功能外，还因造型优美、做工精细、装饰精巧而具有较高的审美价值。除了宜陶景瓷之外，别的茶具也独有风韵，比如玻璃茶具，因其光洁透明，在冲泡名茶时，可见杯中轻雾缥缈、氤氲腾升，色彩变幻，浅深纷呈，茶芽朵朵，或旗枪交错，或上下浮沉，观之令人心旷神怡，陶然自得。

各地饮茶风俗

我国幅员广大，各地的饮茶习俗不尽相同，这更增添了品茗的乐趣和魅力。

福建以饮茶考究、茶叶品种繁多而享誉国内外。在闽南，人们把最好的茶，如铁观音、毛蟹、黄旦等用来敬客。而且尤为讲究泡茶的方式：在冲泡时手举得离茶壶一尺多高，斟茶时手又放得很低，几乎接近杯底，当地人称之为“高冲低斟”。这样泡出来的茶不仅汤色好，香气散发得快，而且味道甘醇，回味深长。斟茶时还不能斟得太满，只能斟到七分满，怕烫伤客人的手，所以有七分茶、八分酒的规矩。

至于福建的汀州、漳州、泉州及广东潮州的功夫茶，冲饮技艺之讲究更为奇特。功夫茶用乌龙茶，茶具十分精美：用长方形瓷盘，盘径七寸，深寸许，内盛一壶四杯，壶以铜制，或用宜兴紫砂壶，壶大小如掌，杯大小如胡桃。饮用方法卜分精妙。当客人驾临，以茶待客时，先用凉水漂出茶具的尘渣，涤净茶具，投茶叶于壶中，约占容量的1/3，立即注满沸水加盖，然后取沸水徐徐浇淋壶上，至水将要溢出瓷盘时，取毛巾覆于壶上，良久方始取下芭巾，将茶注入杯中奉给客人；客人须衔杯细品细啜，以玩其味，若饮稍急，主人则会认为客人不懂得品茗之道而不快。一般茶要经三泡，上品茶要四五泡，功夫茶的饮法沿袭至今不变。

与功夫茶细品成鲜明对照的，便是山东的豪饮。山东是我国北方饮茶习惯较深的一个省份，在鲁北平原一带，不但男人喜欢饮茶，妇人也饮茶成瘾，一日三遍茶，喝足了再干活。有的家庭婆媳两把壶，否则喝不过瘾。当地有句谚语，“情愿舍头牛，不舍二头货”，意思是茶沏两遍，味道已浓，不能扔掉。

成都和广州以坐茶馆、茶楼饮茶闻名遐迩。成都茶馆经久不衰，上茶楼摆龙门阵是一大乐事。广州饮茶者75%喜欢到茶楼茶肆饮茶。广州的餐厅酒家，饭前饭后都有茶水供应，一般上茶三种任客自选。

在我国一些少数民族居住的边远地区，也有千姿百态的饮茶习俗。仅以云南为例，就有拉祜族的“烤茶”、佤族的“烧茶”、布朗族的“青竹茶”、傣族的“竹筒茶”、白族的“雷响茶”、纳西族的“龙虎茶”，等等，不胜枚举。

参考文献

[1] 中国礼仪文化[M]. 北京：外文出版社，2010.

[2] 万建中. 中国民俗简明读本[M]. 北京：新华出版社，2013.

[3] 张岱年，方克立. 中国文化概论[M]. 北京：北京师范大学出版社，2011.

[4] 程裕祯. 中国文化要略[M]. 北京：外语教学与研究出版社，2011.

[5] 余钊. 北京旧事[M]. 北京：学苑出版社，2000.

[6] 贾鸿雁. 中国历史文化名城读本[M]. 北京：化学工业出版社，2008.

[7] 侯仁之. 侯仁之讲北京[M]. 北京：北京出版社，2005.

[8] 葛兆光. 古代中国文化讲义[M]. 上海：复旦大学出版社，2012.

后记

本系列图书以轻松活泼的语言，分十个专题介绍中国古代的历史文化，内容丰富，引人入胜，是一套理想的传统文化普及读物。本系列图书的编写和出版，离不开中国财富出版社领导的大力支持和编辑同志的辛勤工作，在此，谨向社领导和编辑同志表示由衷的感谢！

在本书的编写过程中，我们参考了大量的相关文献资料，引用了许多专家学者的著作和观点，我们已经征求了部分作者的同意并支付了稿酬，但其中一些资料来自互联网和一些非正式出版物，无法联系到原作者，敬请作者见书后及时与此邮箱联系：724176693@qq.com，我们将按照国家有关规定支付稿酬并寄送样书。